날숨체경

날마다 숨 쉬는 순간마다 체질화된 경건

날숨체경

날마다 숨 쉬는 순간마다 체질화된 경건

초판 1쇄 인쇄 | 2024년 12월 6일
초판 1쇄 발행 | 2024년 12월 12일

지은이 홍인종
펴낸이 김운용
펴낸곳 도서출판 하늘향

등록 제2014-31호
주소 (우)04965 서울시 광진구 광장로5길 25-1(광장동)
전화 02-450-0795
팩스 02-450-0797
이메일 ptpress@puts.ac.kr

값 15,000원
ISBN 979-11-88106-08-0   (93230)

홍인종 지음

날숨
체경

날마다 숨 쉬는 순간마다
체질화된 경건

하늘향

인사말

앞만 보고 달려오다 어느덧 뒤를 돌아보는 때가 되었습니다. 퇴임과 은퇴를 앞두고 이전 것을 마감하고, 새롭게 리셋해서 남은 삶을 살아야 한다고 마음을 먹었습니다. 그래서 이전 글들을 정리하고 미뤄 두었던 출판도 서둘렀습니다. 과거를 돌아보려니 부족함에 부끄럽고 후회가 됩니다. 제가 좋아하는 성경 구절 중에는 전도서 말씀이 있습니다. "형통한 날에는 기뻐하고 곤고한 날에는 되돌아 보아라. 이 두 가지를 하나님이 병행하게 하사 사람이 그의 장래 일을 능히 헤아려 알지 못하게 하셨느니라."^{전 7:14} 생각해 봅니다. 기뻐한 날들과 곤고한 날들을… 그러다가 문득 이런 생각이 떠올랐습니다. "뒤돌아보면 후회하지만 되돌아보면 미래를 꿈꿀 수 있다." 후회는 "했다면 좋았을 걸" 하면서 과거에 머물러 있지만, 그것을 거울삼아 되돌아보면 과거에서 고개를 돌려 앞으로 펼쳐질 미래를 바라보며 다시 희망할 수 있겠다는 생각입니다. 저 뿐만 아니라 독자들에게도 그렇게 읽혔으면 좋겠습니다.

본 글들은 『생명의 삶』^{2009년 10월부터 2011년 3월까지}에 연재한 "그리스도인의 경건훈련" 원고들을 수정한 것입니다. "감사"에 관한 글은 제자 백하슬기 교수의 "감사쏭"으로 재탄생하여 많은 그리스도인에게 영감과 감사의 중요성을 알리게 되어, 또한 감사할 뿐 입니다. 아무쪼록 이

글들을 통해 그리스도인으로 살아가며 다듬어야 할 성품과 "경건 훈련"에 조금이나마 도움이 되었으면 하는 바람입니다.

처음 쓸 때는 양가 부모님들과 이모님이 생존해 계셨는데, 이젠 모두 떠나시고 어머님만 홀로 남으셨습니다. 대학생이었던 자녀들이 장성해서 가정을 이룰 때가 되었습니다. 함께 은퇴하는 동갑내기 아내의 격려와 존중이 없었다면 오늘의 저는 없었을 것입니다. 가족들이 든든한 울타리가 되어주고 함께 동행했기에 여기까지 올 수 있었습니다. 가족들에게 감사할 뿐입니다. 장로회신학대학교의 양정호 교수님이 도와주지 않았다면 그냥 묻힐 뻔한 글이었는데 이렇게 다시 태어나 또한 감사를 드립니다. 모든 것이 하나님의 은혜입니다.

퇴임하는 2024년 겨울에

작은 희망, 희망나무 소목所木 홍인종 올림

목 차

인사말   ｜005

I 부   **날마다 숨 쉬는 순간마다 체질화된 경건**   ｜008

1장. 감사와 불평   ｜010

2장. 희망과 우울   ｜030

3장. 웃음과 울음   ｜054

4장. 행복과 고통   ｜078

II 부   **날마다 숨 쉬는 순간마다 깊어지는 영성**   ｜100

1장. 꿈 미래와 기억 과거   ｜102

2장. 자존감과 열등감   ｜126

3장. 용서와 분노   ｜150

4장. 사랑과 미움   ｜174

5장. 함께 있음과 홀로 있음   ｜196

참고문헌   ｜218

날숨체경

날마다 숨 쉬는 순간마다 체질화된 경건

I 부

—

날마다 숨쉬는 순간마다
체질화된 경건

1장. 감사와 불평

2장. 희망과 우울

3장. 웃음과 울음

4장. 행복과 고통

1장

—

감사와 불평

A. 감사

    어떤 대학교 사은회에서 있었던 일이다. 졸업을 앞두고 학생들은 교수들을 초청하여 식사를 대접하며 감사를 표하였다. 그리고 감 네 개를 포장한 선물을 전달하였다. 먹는 감 네^匹개를 드림으로 교수들에게 감사^{感謝}의 마음을 재미있게 표현하였던 것이다. 그 사은회 사건[?]은 교수들이나 학생들에게 여러 논란거리를 제공하였다. 진행했던 임원진은 즐겁게 하려다 곤혹스러워졌고, 교수들 중에는 학생들이 재미에 초점을 맞춘 형식적인 사은회가 왜 필요한지 모르겠다며 씁쓸해했다. 사실 사은회는 '은사들의 가르쳐 주신 은혜에 감사를 표현하는 모임'이다. 따라서 감사의 대상에 대한 존경과 배려의 마음이 먼저이다. 감사는 마음이 담겨야 한다. 동시에 감사의 표현, 즉 방법이 따라갈 때 그 진정성이 전달된다. 감사는 감사하는 사람이 있으며 감사를 받는 대상이 있다. 그러므로 그 감사의 표현은 감사를 받는 대상에게 적합하게 전달될 수 있어야 한다.

이렇듯 감사는 단순하지 않다. 감사하며 사는 삶은 우리에게 익숙하지도 않다. 그렇다면 감사하며 산다는 것은 어떻게 사는 것일까? 감사를 생활 속에 실천하며 살려면 어떻게 해야 할까?

성경 속의 감사

구약성경에서 감사에 대한 최초의 용어는 레위기^{레 7:12-15}에 등장한다. 하나님께 드릴 화목제물의 규례를 설명하면서 "만일 그것^{화목제물}을 감사함으로 드리려면"^{7:12}, "화목제의 감사제물"^{7:13}, "감사함으로 드리는 화목제물의 고기"^{7:15} 등 감사로 드리는 제사와 감사 제물을 어떻게 해야 하는지를 가르쳐 준다. 구약 성경에서 등장하는 '감사'의 첫 단어는 감사 제사^{예배}와 연관이 있다. 즉 하나님께서 베푸신 은혜에 기뻐하며 돌려드리는 감사의 제사이다.

신약성경에서 예수님의 감사도 하나님을 향한 것이었다. 예수님께서는 기도할 때 감사하셨다. 하나님의 뜻이 지혜롭고 슬기있는 자들에게는 숨기시고 어린 아이들에게 나타내심을 감사하시면서 "천지의 주재이신 아버지여…감사하나이다"^{마 11:25-27; 눅 10:21-22}라고 기도하신다. 보리떡 일곱 개와 작은 생선 두 마리로 사천 명을 먹이실 때 예수님께서는 축사^{감사 기도} 하셨다^{마 15:36; 막 8:6}. 감사 기도하시고 나눌 때 굶주린 사천 명을 먹이신 기적이 일어났다. 오천 명을 먹이실 때도 "하늘을 우러러 축사"^{마 14:19; 막 6:41; 눅 9:16; 요 6:11} 하셨다. 또한 예수님께서는 죽은 나사로를 살리시기 전에 이렇게 감사하셨다. "예수께서 이르시되 내 말이 네가 믿으면 하나님의 영광을 보리라 하지 아니하였느냐 하시니 돌을 옮겨 놓으니 예수께서 눈을 들어 우러러 보시고 이르시되 아버지여 내 말을 들으신 것을 감사하나이다" 요 11:40-41. 죽은 나사로를 무덤에서 불러내시기 전에 하나님의 영광이 드러날 것을 아시고, 미리 하나님께 감사하는 기도였다. 신약성경에서 예수님은 하나님의 뜻을 가르쳐 주심을 감사하고, 하나님께서 배고픈 이들을 먹이실 것을 바라보며 감사의 기도를 드렸고, 죽은 자를 살리실 것을 믿으며 하나님께 영광과 감사기도를 드렸다. 예수님의 감사는 하나님을 향한 기도요 영광의 예배이다.

우리 말에서도 마찬가지다. 본래 감사의 우리말 표현은 '고맙다'로서 '남이 베풀어준 호의나 도움 따위에 마음이 즐겁고 흐뭇하다'는 뜻을 지닌 형용사이다. 그런데 '고맙다'의 어원인 '고마'는 신神 또는 존경尊敬을 뜻하며, 동사형 '고마하다'는 '공경하다'라는 의미를 갖고 있다. 즉 하나님을 몰랐던 우리 조상들의 감사도 인간 이상의 초월적 존재에 대한 경외심의 표현이 그 어원에 담겨 있다. 그러므로 감사하는 마음은 하나님께 공경과 고마움을 돌려드리는 것이다. 감사는 존경의 마음과 베푸신 은혜에 대한 기쁨의 표현이다. 나병환자 열 명이 예수님께 불쌍히 여겨주시기를 청할 때, 예수님께서는 제사장에게 가서 너희 몸을 보이라 하셨는데, 그 이유는 당시 제사장이 치유 여부를 판정하였기 때문이다 눅 17:11-19. 그들이 제사장에게 가던 도중에 깨끗하게 되었는데, 단지 사마리아인 한 사람만이 돌아와서 예수님의 발 아래 엎드리어 감사하였다. 이 때 예수님께서는 "열 사람이 다 깨끗함을 받지 아니하였느냐 그 아홉은 어디 있느냐 이 이방인 외에는 하나님께 영광을 돌리러 돌아온 자가 없느냐 하시고 그에게 이르시되 일어나 가라 네 믿음이 너를 구원하였느니라"눅 17:17-19라고 하셨다. 예수님께서는 은혜받은 자, 도우심을 받은 자의 감사는 마땅한 것이며 그 감사는 온전한 구원에 이르게 하는 믿음이라고 말씀하신다.

감사를 생활화하는 훈련

나음을 입은 열 명의 나병 환자 중에 단 한 명만이 돌아와 하나님께 영광을 돌리며 예수님께 엎드리어 감사했다. 산술적으로 보면 우리 인간의 감사는 은혜를 입은 열 사람 중에 단 한 사람만 돌아와 감사한다고 생각할 수 있다. 그러나 실제로는 이보다도 훨씬 더 우리는 감사에 인색하다. 미국 시카고 근교 에반스톤에 자리한 명문 노스웨스턴 대학이 있다. 그 학교의 졸업생 가운데 에드워드 스펜서Edward Spencer라는 사람이 있다. 그는 고등학교 때 수영 선수였는데 1860년 9월 8일, 폭풍우가 몰아치는 어느 날 밤새벽 2:30 대학교 캠퍼스 옆 미시간호湖에서 여객선이 침몰했다. 당시 187명이 사망하는 대참사였는데 그는 육지에서 800m 떨어진 침몰 현장을 16차례나 헤엄쳐 오가며 17명을 구조해 내었고, 그 후유증으로 장애를 얻게 되었다. 그는 나머지 평생을 휠체어에 앉은 장애인의 몸으로 81세를 살았는데, 세상을 떠나기

1년 전, 신문기자가 그를 인터뷰하였다. 기자가 그에게 "당신은 용기 있는 사람입니다. 수많은 사람을 살렸으니까요. 그러나 당신 자신에게 는 그 날이 비극적인 밤이었습니다. 그 이후 무엇이 가장 기억에 남습니까?"라고 질문했을 때, 스펜서는 "내가 구출해 준 17명 가운데 훗날 나를 찾아와 감사를 표시한 이가 단 한 명도 없었습니다. 그 일이 자꾸 섭섭하게 기억납니다."라고 대답했다. 참으로 인간은 감사를 잊고 감 사하는 것에 익숙하지 못한 존재임이 틀림없다.

우리는 하나님께 영원히 감사를 돌려야 할 인생이다. 시편 기자 는 "…여호와 나의 하나님이여 내가 주께 영원히 감사하리이다"시 30:12 라고 고백한다. 그러므로 감사 훈련은 경건 훈련이다. 얼마나 감사하 느냐에 믿음의 실력과 영성의 깊이가 드러난다. 감사하지 않는 사람은 허탄한 생각에 빠지고 어리석은 마음이 된다. 사도 바울은 "하나님을 알되 하나님을 영화롭게도 아니하며 감사하지도 아니하고 오히려 그 생각이 허망하여지며 미련한 마음이 어두워졌나니"롬 1:21 라고 말씀한 다. 하나님께 돌려야 할 영광과 감사를 하지 않는 인생은 그 마음의 정 원에 허망과 미련과 어두움의 잡초만 무성해진다. 따라서 감사의 삶을 사느냐가 믿음 생활의 척도이다.

또한, 감사에는 수준이 있다. 예수님께서 바리새인과 세리의 기 도를 비유로 말씀하셨다눅 18:9-14. 바리새인은 서서 따로 기도하며 "하 나님이여 나는 다른 사람들 곧 토색, 불의, 간음을 하는 자들과 같지 아니하고 이 세리와도 같지 아니함을 감사하나이다"눅 18:11 라고 한다. 그는 감사하지만, 하나님께 영광을 돌리는 것이 아니라 자신의 의로움과 자랑을 나열할 뿐이다. 이것은 감사라고 할 수조차 없는 부끄러운 것이다. 다른 사람과 비교해서 자신이 더 우월하기 때문에 감사한다는 것은 하나님 앞에서 자신의 죄인됨을 망각한 것이기 때문이다. 예수님께 향유를 부은 여인에 대하여 비판할 때 예수님께서는 빚진 자 중에 많이 탕감받은 자가 더 많이 사랑한다 말씀하신다눅 7:40-43. 즉 죄 사함이 적은 자는 적게 사랑하고 많은 죄가 사함을 받은 자는 그의 사랑함이 많다고 말씀하신다눅 7:47. 적은 은혜, 적은 사랑을 받은 사람은 적게 감사한다는 말씀과 마찬가지다. 자신이 죄인 중에 괴수임을 깨닫고 하나님의 은혜를 체험한 사람은 그 갚을 수 없는 은혜 때문에 더욱 크게 감사할 수밖에 없다. 그렇다면 감사하지 않는 본성과 이기적인 감사만을 하는 우리가 감사를 생활화하고 진정으로 감사하는 영적 습관을 위해서 무엇을 시작할 수 있을까?

첫째는 감사의 기도와 찬양으로 하루를 여는 것이다. 계시록에서 모든 천사가 "아멘 찬송과 영광과 지혜와 감사와 존귀와 권능과 힘이 우리 하나님께 세세토록 있을지어다 아멘"계 7:12하면서 하나님께 경배한다. 하루를 열면서 오늘 하루 감사의 찬양으로 하나님께 드리는 것이다. 다니엘은 포로로 잡혀갔지만 "하루 세 번씩 무릎을 꿇고 기도하며 그의 하나님께 감사"단 6:10 하였다. 다니엘은 매일 하나님께 기도와 감사하는 경건생활을 금하는 조서를 보고도 타협하지 않았다. 결국 그 일로 사자굴로 끌려가지만, 하나님께서 보호해 주시고 지켜주신다. 감사의 찬양으로 아침을 열고, 하루 세 번 기도하며 하나님께 감사하는 것은 더욱 감사의 사람이 되도록 이끌 것이다.

둘째는 감사일기를 쓰는 것이다. 미국에서 가장 영향력 있는 여성 중에 하나로 알려진 오프라 윈프리 Oprah Winfrey 는 어렸을 적 성적 학대와 결혼과 이혼 등 험난한 삶을 살아왔다. 그러나 그녀가 어렸을 적부터 계속 해오고 있는 두 가지는 책 읽기와 감사일기였고, 아마도 그것이 그녀의 아픔을 극복하는 비결이었을 것이다. 어린 시절 그녀는 친구가 없어서 강아지에게 성경을 읽어주었다고 한다. 또한 매일 일어난 일들 중 감사한 일 다섯 가지를 찾아 기록해 왔다고 한다. 그것은 거창하고 대단한 것이 아니라 소소한 일상생활에서 느끼고 경험하는 작은 일들을 기록하는 감사일기이다. 사도 바울은 데살로니가 교인들을 향하여 "범사에 감사하라 이것이 그리스도 예수 안에서 너희를 향하신 하나님의 뜻이니라"살전 5:18 라고 말씀한다. 범사, 평범한 일, 모든 일에 감사하는 것이 하나님의 뜻이다. 기록한다는 것은 기억한다는 것이며 기억하면 할수록 감사 제목이 늘어난다. 시편 기자는 이스라엘 백성들을 향하여 "주의 성도들아 여호와를 찬송하며 그의 거룩함을 기억하며 감사하라"시 30:4 라고 권면한다. 감사일기를 쓴다는 것은 기억하는 것이다. 하나님께서 하루 동안 베풀어주신 것에 대한 감사, 위험에서 지켜주시고 보호해 주신 것에 대한 감사, 하루 동안 만난 사람들에 대한 감사 등 감사할 일들을 찾아내어 기록하는 훈련이다.

세 번째 감사훈련은 감사의 언어를 개발하는 것이다. 성경은 "누추함과 어리석은 말이나 희롱의 말이 마땅치 아니하니 오히려 감사하는 말을 하라"엡 5:4, 또는 "추잡한 말과 어리석은 이야기나 점잖지 못한 농담 따위도 하지 마십시오. 성도들에게는 어울리지 않습니다. 성

도들에게 어울리는 것은 하느님께 대한 감사의 말입니다."^{공동번역}라고
말씀한다. 남을 공격하고, 희롱하고, 비하하는 말들이 많이 있지만 우리는 '오히려' 또는 '돌이켜' 감사의 말을 해야 하는 사람이다.

시인 이해인 작가는 "감사한 마음으로 언어의 집을 짓게 하소서"라고 기도한다. 감사한 마음이 있을 때 아름다운 언어의 집을 지을 수있다. 비록 우리를 실망하게 하고 낙심케 하는 일들이 많이 있지만, 오히려 돌이켜서 감사하는 말을 해야 한다. 감사가 넘치는 언어는 따라서 개발 해야 한다. 감사의 언어를 개발한다는 것은 쉬운 것은 아니다.필자가 적어놓은 감사의 노트에 그동안 적어놓은 "그" 감사의 표현이있다.

"그래서 감사"

"그래도 감사"

"그러나 감사"

"그러므로 감사"

"그렇지만 감사"

"그럼에도 감사"

"그러고 보니 감사"

"그럼에도 불구하고 감사"

"그리 아니하실지라도 감사"

앞에 어떤 것이 오던지 그것을 접속사로 연결해서 감사로 결론

을 맺을 수 있다. 이처럼 감사의 언어는 표현하면 할수록 점점 더 풍성해진다. 그렇기에 성경은 끊임없이 감사^{살전 2:13}하고, 항상 하나님께 감사^{고전 1:4}하고, 감사함을 넘치게 하라^{골 2:7}라고 말씀한다.

나가는 말

감사의 힘, 감사의 효과는 아무리 강조해도 부족하다. 연구 결과들에 따르면 행복^갑은 감사의 정도와 밀접하게 연관되어 있다. 우울한 사람은 감사가 거의 없으며, 감사를 억지로라도 찾아내고 감사를 표현할수록 우울의 정도가 줄어든다는 보고도 있다. 하물며 하나님의 사람이 받은 은혜를 기억하여 하나님께 감사의 경배를 돌려드린다면, 그에게 임할 복은 측량할 수 없을 것이다. 작은 것부터 감사하면 하나님께서 점점 더 감사가 넘쳐나게 하신다. 이런 글이 있다. "반딧불에 감사하는 자에게 별빛을 주시고, 별빛에 감사하면 달빛을 주신다. 또한 달빛에 감사하는 자에게 햇빛을 주실 것이며, 햇빛에 감사하면 창조자 하나님께서 너의 빛이 될 것이다."

B. 불평

　세상은 공평하지도 않고 공정하지도 않다. 따라서 언제나 공평하고 언제나 평등해야 한다는 전제 자체가 잘못된 것이다. 우리 인생은 태어날 때 부모나 환경을 선택할 수 없다. 어떤 부모는 부자이고, 어떤 부모는 가난할 수 있다. 부모가 똑똑해서 유전적으로 월등하게 태어날 수 있고, 때로는 태어날 때부터 장애를 갖고 태어날 수 있다. 누구는 남한에서 태어나 자유를 누리며 살고, 어떤 사람들은 북한에서 기아와 독재로 고통을 받고 산다. 그렇기에 언제나 인생은 공평하고 공정해야 한다는 신념은 잘못된 것이다. 물론 하나님께 "왜 이렇습니까?"라고 질문할 수 있다. 그래서 선지자 하박국이 죄악과 패역, 겁탈과 강포, 변론과 분쟁, 그리고 율법 해이와 정의의 왜곡이 팽배함을 보면서 '하나님! 어느 때까지리이까?'[합 1:2-4]라며 안타깝게 부르짖는다. 불공평과 불의에 대해 왜 하나님께서는 구원치 않으시며 침묵하시는가에 대한 질문이다. 물론 살면서 공평과 공정함을 추구해야 하는 것은 당연하다. 그러나 우리의 주관적 사고는 언제나 불공정하고 불평등하다고 결론을 내리고, 그때 부정적 감정이 섞인 불평을 터트리게 된다.

불평^{주짜}의 사전적 의미는 '마음에 들거나 차지 않아 못마땅히 여김', '못마땅한 것을 겉으로 나타냄', '마음이 평안하지 않음', '병으로 몸이 거북스러움' 등이다. 한자의 뜻풀이는 '평등하거나 공평하지 못하다'이다. 따라서 불평은 사고와 감정과 표현의 세 가지 측면이 있다. 첫째는 무엇인가 잘못되었다는 생각이 있고, 그러한 불공평한 사건에 대한 해석이 자신의 마음^{감정}이나 몸을 불편하게 하거나 그에 따른 증상이 나타나고, 나아가 그러한 일에 대해 감정적인 행동 표현을 하는 것이다.

성경 속의 불평

본래 히브리어 '룬'은 다양한 뜻을 갖고 있는데, 그 중 하나는 '불평하다'로 번역된다. 개역성경에서 불평이란 단어는 주로 욥기^{7:11; 9:27; 10:1}와 시편^{37:1, 7, 8}에 등장하고, 출애굽기와 민수기에서는 '원망하다'로 번역된다. 영어로는 불평^{complain}, 원망^{grumble, murmur} 등의 단어가 사용되는데, 이것은 핏대를 올리고 성질을 내는 것이라기보다는 '중얼중얼하다, 툴툴대다, 투덜대다'라는 다소 절제된 감정표현이다. 다시 말하면 대놓고 상대방에게 불만을 표현하지는 않지만, 뒤에서 수군거리거나 툴툴거리는 것을 불평으로 볼 수 있다. 이스라엘 백성들은 애굽을 떠나 광야로 이동하면서 그들에게 어려움이 올 때마다 끊임없이 원망하며 불평하였다. 그래서 출애굽기의 중요 주제 가운데 하나는 "불평" 또는 "원망"으로 볼 수 있다.

구약성경 룻기에 보면 나오미는 남편과 함께 기근을 피하여 모압으로 갔다가 거기서 남편과 두 아들을 잃고 다시 베들레헴으로 돌아온다. 그 후 자신을 일컬어 '나는 괴로운 사람이라 나를 나오미라 부르지 말고 마라라 부르라'라고 한다. '마라'라는 말은 '쓰다'라는 뜻이요 원래 '나오미'라는 말은 '기쁨'이란 뜻이었다. 괴로운 사람이니 즐거움이라는 뜻의 '나오미'라 부르지 말고 '쓰다', '괴롭다'라는 의미의 '마라'라고 부르라는 말이다룻 1:20-21. 나오미가 자기 자신의 삶에 만족하지 못하며 스스로에게 붙여준 이름이 '마라'이다.

이것은 이스라엘 백성들이 애굽에서 구원을 받아 홍해를 건넌 후 물이 없어 첫 번째 위기를 맞았을 때의 상황을 연상하게 한다. 이스라엘 백성들은 하나님께서 완전히 그들을 애굽 군대에서 구원해 주시는 것을 목도하였다. 그들은 기적적인 방법으로 홍해 바다를 육지처럼 건너서 애굽 군대로부터 구원을 받았다. 그리하여 성경은 "이스라엘이 여호와께서 애굽 사람들에게 행하신 그 큰 능력을 보았으므로 백성이 여호와를 경외하며 여호와와 그의 종 모세를 믿었더라"출 14:31라고 기록한다. 그런데 수르 광야에서 불과 사흘 길을 걸었고, 물을 얻지 못하고 '마라'에 이르러 그곳 물을 마시려 했으나 써서 마시지 못하므로 그 이름을 '마라'라 불렀다출 15:22-23. 본래 '마라'는 '쓴 물', '마시지 못할 물'이라는 뜻이다.

인생을 살면서 나오미처럼 기쁨이 아니라 괴로움인 '마라'를 경험하게 된다. 이스라엘 백성들처럼 마실 물을 찾지 못해 '마라'를 경험할 때 지도자와 하나님을 향해 원망과 불평의 소리를 한다. 이스라엘 백성들은 모세에게 원망과 투정을 하였는데 성경은 그것을 하나님께 대한 불평이라고 말씀하신다. "모세가 또 이르되 여호와께서 저녁에는 너희에게 고기를 주어 먹이시고 아침에는 떡으로 배불리시리니 이는 여호와께서 자기를 향하여 너희가 원망하는 그 말을 들으셨음이라 우리가 누구냐 너희의 원망은 우리를 향하여 함이 아니요 여호와를 향하여 함이로다" 출 16:8.

앞에서 설명했듯이 '원망하다' murmur or grumble 라는 말은 툴툴거리거나 투덜대는 행동을 묘사한다. 노골적으로 불만을 토로하기보다는 수군거리거나 툴툴거리면서 불평하는 것이다. 그런데 성경은 불평하고 원망하는 자는 하나님을 시험하는 것이고 그에 따라 심판을 받는다고 말씀한다. 그러므로 출애굽기에서 반복되는 이스라엘 백성들의 원망과 불평에 대한 기록은 우리를 위한 경계의 목적으로 남겨진 것이다. 사도 바울은 이스라엘 조상들이 광야에서 멸망을 받은 것이 "우리의 본보기가 되어" 고전 10:6 라고 말한다. 그리고 "그들 가운데 어떤 사람들이 주를 시험하다가 뱀에게 멸망하였나니 우리는 그들과 같이 시험하지 말자 그들 가운데 어떤 사람들이 원망하다가 멸망시키는 자에게 멸망하였나니 너희는 그들과 같이 원망하지 말라 그들에게 일어난 이런 일은 본보기가 되고 또한 말세를 만난 우리를 깨우치기 위하여 기록되었느니라 그런즉 선 줄로 생각하는 자는 넘어질까 조심하라 사람이 감당할 시험 밖에는 너희가 당한 것이 없나니 오직 하나님은 미쁘사 너희가 감당하지 못할 시험 당함을 허락하지 아니하시고 시험 당할 즈음에 또한 피할 길을 내사 너희로 능히 감당하게 하시느니라" 고전 10:9-13라고 경고한다.

즉 불평과 원망은 하나님을 시험하는 행위이다. 하나님의 말씀에 하나님의 사람들의 불평의 소리가 담겨있는 것은 불평하는 자는 선 줄로 알지만 넘어지게 됨을 알려주는 경고의 말씀이다. 또한 만족하지 못해 불평하는 것은 신실하신 하나님께서 우리에게 감당할 만한 것을 주셨다는 사실을 간과하는 것이라는 권면의 말씀이다. 따라서 우리는 믿음의 선배들이 불평과 원망으로 인해 받은 시험과 징계를 기억하고 불평이 습관이 되지 않도록 자신을 돌아보아야 한다.

불평을 극복하기 위한 경건 훈련

그렇다면 불평 없이 어떻게 살 수 있는가? 사실 불평의 근본에는 불만족이 있다. 만족하지 못하다는 것은 때로 삶의 창조적 힘을 제공해 주기도 한다. 불평과 불편함이 새로운 것을 만들어내기도 하고, 문제를 극복하기 위해 해결책을 발견하도록 이끌기도 한다. 그러나 불평은 불평의 말로 표현되고, 불평의 말은 상황이나 사건, 인물에 대한 부정적 사고에서 나오고, 따라서 불평의 결국은 부정적 결과를 초래할 수밖에 없다. 왜냐하면 말에는 생명력이 있기 때문이다. 그렇기에 성경은 "분을 그치고 노를 버리며 불평하지 말라 오히려 악을 만들 뿐이라"시 37:8라고 말씀한다. 불평은 오히려 악을 만들 뿐이다. 따라서 불평은 하나님을 닮아가는 경건 훈련에 극복해야 할 적敵이 될 수밖에 없다.

필자는 경건 훈련을 "하나님 닮은 성품이 자신의 삶에 미치는 선한 영향력을 확장해가는 훈련"으로 정의한다. 하나님 닮은 좋은 성품들이 아무리 많더라도 불평 한마디로 모든 것을 파괴할 수 있다. 그렇다면 어떻게 불평을 극복할 수 있을까?

불평을 변화시키시는 하나님의 능력을 신뢰하기

'마라'에서 물을 마시지 못해 원망하는 이스라엘 백성들을 보고 모세는 하나님께 부르짖었다. 하나님께서는 한 나무를 물에 던지도록 하셨고 그 나무로 인해 물이 달아져서 마실 수 있게 되었다출 15:25. 나무 자체에 해독제가 있었다기보다는 하나님의 해독의 권능이 그 나무를 통해 상징적으로 나타났다고 볼 수 있다. 고대 교부들은 쓴 물을 고친 이 나무를 그리스도의 십자가의 상징으로 생각하기도 한다. 즉 십자가 나무에 달리신 예수님의 상징으로 쓴 물을 고친 나무와 동일시한다. 사실 나무 자체에 어떤 신비한 능력이 있다기보다는 하나님께서 지시한 대로 순종할 때 변화의 역사가 일어났다고 볼 수 있다. 마치 예수 그리스도를 믿음으로 죄인이 의롭게 되는 것과 마찬가지이다. 비슷한 예는 엘리사가 여리고의 과실을 맺지 못하게 하는 우물물을 변하게 하는 사건이다. 성경은 새 그릇에 소금을 담아 그 우물에 던져서 그 물을 고쳤다고 기록한다 왕하 2:19-22.

소금이나 나뭇가지가 물을 변화시킬 수 있는 능력이 있는 것은 아닐 것이다. 여호와의 말씀에 순종하여 행하였을 때 능력이 나타난다. 하나님께서는 이 일을 통해서 주시고자 하시는 교훈이 있다. 불평이 변하여 감사와 찬양이 되도록 하기 위해서는 예수 그리스도의 은혜를 입어야 한다는 것이다. 따라서 하나님의 능력을 신뢰하는 것은 하나님의 말씀에 순종하며 그 하나님께서 우리를 고치시는 분이심을 고백하는 것이다. '마라'의 쓴 물을 변화시키신 하나님께서는 이스라엘 백성들이 그 하나님의 말씀을 청종하고 계명을 지키면 질병에서 보호해 주실 것을 약속하시면서, "나는 너희를 치료하는 여호와" 출 15:26라고 선언하신다. 하나님께서는 불평거리를 주시는 분이 아니실 뿐 아니라 불평으로 상처 난 우리의 마음을 오히려 고치시는 하나님이시다. 따라서 불평과 결별하여 변화하도록 치료해 주시는 하나님을 매일 묵상하는 것으로부터 경건 훈련은 시작되어야 한다.

불평 없이 살아보기

불평을 하지 않으며 살기는 쉽지 않을 것이다. 하지만 계속 방치하면 마음의 정원은 불평이라는 잡초로 무성할 것이다. 미국 미주리

주 캔자스시티에서 목회활동을 하고있는 윌 보웬 Will Bowen 목사는 2006년에 '인간이 겪는 모든 불행의 뿌리에는 불평이 있다'라는 사실을 깨닫고 불평 근절 캠페인과 함께 불평 근절 의식개선 프로그램을 시작하였다. 200여 명의 작은 교회에서 시작된 이 '불평 없는 세상' 캠페인은 입소문을 타고, 또 지역 언론의 조명을 받으며 미국 전역으로 번졌다. 그는 불평의 상태를 네 가지로 나눈다. 첫 번째는 의식하지 못하고 불평을 하는 상태이고, 두 번째는 의식하면서 불평을 하는 단계, 세 번째는 의식하면서 불평을 하지 않는 단계, 마지막으로는 의식하지 않아도 불평하지 않게 되는 단계이다.

보웬이 제시하는 실천 방식은 너무도 간단하지만, 그 효과는 강력하다. 그는 보라색 고무 밴드를 한쪽 손목에 끼우고 있다가 불평을 했을 경우 다른 쪽 손목으로 옮기라고 제시하면서 21일 동안 불평을 참아내면 고무 밴드를 다른 쪽으로 옮기지 않고도 불평은 사라지게 될 것이라고 주장한다. 이러한 프로그램이 〈오프라 윈프리 쇼〉 등에 소개되면서 지금까지 세계 80개국에 600만 개의 팔찌를 공급했으며 현재도 매일 1천 개 이상의 고무밴드를 보내고 있는 것으로 알려졌다.

불평은 하나의 습관이다. 불평하다 보면 불평의 사람이 된다. 그리고 한번 습관이 되면 마치 최면에 걸린 듯 불평을 일삼게 된다. 불평하는 자가 바라보는 세상은 부정적이고 우울하다. 이러한 것이 일단 습관화되면 얼마나 그것을 바꾸기가 힘든지 마치 불평 중독자처럼 살아가게 된다. 따라서 불평 없이 살아보겠다는 마음가짐이 첫 번째 시작이다. 그리고 그것의 실천적 효과를 위해서 원치 않는 불평의 말과 불평의 행동에 대한 의식을 일깨우기 위한 작업의 일환으로 고무 밴드나 일기 쓰기 등 다양한 방법을 사용할 수 있다.

불평을 긍정적 언어로 전환하기

의식적으로 불평하는 것을 알기 시작하면 불평과 결별을 시작할 수 있다. 실제로 불평은 여전히 습관적인 말로 표현되기 때문에, 그다음 언어가 매우 중요하다. 계속 불평하므로 불평에 순종하며 살 것인가 아니면 '그렇지만 저 사람도 피치 못할 이유가 있을 거야'라고 말하면서 반전을 꾀하면서 살 것인가를 선택할 수 있다. 따라서 불평의 말이 튀어나왔을 때 바로 '괜찮아 그럴 수도 있지. 내가 알지 못하는 좋은 의도가 있을거야'라고 말하는 긍정적 언어로의 전환 훈련이 필요하다. 왜냐하면 이해할 수 없는 일이라도 우연하거나 목적 없이 일어나는 경우는 없다고 믿고 사는 사람들이 성도이기 때문이다.

나가는 말

출애굽에 나타난 이스라엘 백성들뿐만 아니라 우리 인간은 살아가면서 끊임없이 불평하는 존재이다. 문제는 이스라엘 백성들처럼 하나님의 은혜를 받고 구원을 받은 사람들이 삶의 여정 가운데 조그마한 일에 늘 불평하며 사는 경우가 종종 있다는 점이다.

불평 없이 살아가는 훈련은 경건 훈련의 핵심이다. 불평이라는 어항 속에는 경건이라는 일급수 물고기가 숨 쉬며 살 수 없다. 우리의 영혼은 불평의 정도가 낮아질수록 하나님 닮은 성품의 능력을 점점 더 발휘할 수 있다. 성경은 "여호와 앞에 잠잠하고 참고 기다리라 자기 길이 형통하며 악한 꾀를 이루는 자 때문에 불평하지 말지어다"^시 _{37:7}라고 말씀한다. 악인의 형통함과 성취함 때문에 불평하지 않고 하나님 앞에서 잠잠하고 참고 기다리는 자에게 하나님께서는 불평을 넘어 하나님 닮음으로 이끌어 주신다는 언약의 말씀이다.

2장

희망과 우울

A. 희망

　인간은 늘 무엇인가를 희망하면서 산다. 즉 자신이 무엇인가 바라는 어떤 상황이 벌어진다는 기대를 하며 산다. 이 말은 성장에 대한 욕구가 있다는 말이다. 인격적으로, 신앙적으로, 경제적으로, 관계적으로, 신체적으로 지금보다 좀 더 좋아지고 나아지기를 기대하는 것은 당연한 것이다. 그러나 바람과 기대가 어느 순간 절망과 낙심이 되어 희망을 잃고 살아가는 사람들이 점점 늘어나고 있다.

　사실 인간 문제의 핵심은 희망이 자리 잡고 있다. 필자는 그동안의 상담 경험을 통해 불화하는 부부들의 핵심문제는 '희망 없음'이라는 것을 알게 되었다. 이혼 사유에 대해 성격 차이, 경제적 어려움, 가족 관계 불화, 배우자의 외도, 가정 폭력, 도박, 술, 마약 중독, 잘못된 습관, 무책임함, 자식을 갖지 못함, 이단에 빠짐, 성적인 갈등 등을 이야기한다. 그런데 이러한 설명은 모두 외형적 이유이다. 부부간에 이러한 일이 일어났을 때 그것이 바로 이혼 사유가 되는 것은 아니다. 그것을 해결하기 위해 수많은 노력을 하다가 그럼에도 불구하고 상황과 상대방의 변화에 대한 희망이 없다고 판단이 될 때 부부가 헤어지게 된다. 따라서 더 이상 좋아지지 않을 것이라는 '희망 없음'이 근본적인 이유이다. 이렇듯 희망이 없는 것이 인간 문제의 핵심적 부분이다. 앤드류 레스터 Andrew D. Lester 는 "목회 신학적 관점에서 볼 때, 우리는 늘 절망희망 없음이 근본적인 문제일 수 있다는 가능성을 염두에 두고 있어야 한다"라고 지적한다. 그렇다면 희망을 잃어버린 이 시대에 어떻게 희망을 품고 살아갈 수 있을까?

성경 속의 희망 찾기

이사야 선지자가 활동하던 때는 암울한 시대였다. 웃시야 시대에 신앙은 형식화되고 사회는 부패했었다. 서방의 앗수르와 동방의 애굽의 양 세력 사이에서 왕과 신하들은 우왕좌왕하였다. 앗수르에게 조공을 바치고, 나라는 분열되고, 북이스라엘은 저항하다가 멸망하고, 이러한 때에 이사야는 하나님께 반역한 죄를 회개하라고 백성들을 향하여 외친다. 이러한 이스라엘의 상태를 이사야는 1장 5-6절에서 다음과 같이 묘사한다. "너희가 어찌하여 매를 더 맞으려고 패역을 거듭하느냐 온 머리는 병들었고 온 마음은 피곤하였으며 발바닥에서 머리까지 성한 곳이 없이 상한 것과 터진 것과 새로 맞은 흔적뿐이거늘 그것을 짜며 싸매며 기름으로 부드럽게 함을 받지 못하였도다"사 1:5-6.

이사야는 나라와 백성들이 온통 병들고 매 맞고 머리부터 발끝까지 성한 곳이 한 군데도 없이 온몸이 다치고 멍들고 상처투성이라고 말한다. 그럼에도 불구하고 이사야는 희망을 전한다. "이새의 줄기에서 한 싹이 나며 그 뿌리에서 한 가지가 나서 결실할 것이요"[사 11:1]. 나라를 회복하며 결국은 열방이 하나님께로 돌아올 것을 선포한다. 바울 사도는 로마에 있는 성도들에게 보내는 서신에서 이사야의 바로 이 말씀을 인용한다. "이새의 뿌리 곧 열방을 다스리기 위하여 일어나시는 이가 있으리니 열방이 그에게 소망을 두리라"[롬 15:12]. 그는 하나님의 말씀을 통해 우울한 시대에 소망[희망]으로 결론을 내린다.

사실 바울 사도가 로마서를 쓰던 당시 상황이나 그가 인용했던 이사야 11장이 쓰였던 상황이나 시대적으로 모두 암울한 때였다. 사도행전 18장 2-3절 기록에 보면 클라우디우스가 재임하던 49-50년에 유대인들을 로마에서 추방해 버린다. 결국 이 사건으로 로마에 있던 유대인들이 각국으로 흩어졌다. 이후 클라우디우스의 재임이 끝나던 직후인 54년경에 로마서가 쓰였다. 로마의 유대인들이 핍박을 받아 흩어지고 얼마 지나지 않아 60년에, 네로의 엄청난 박해가 일어나는 그 사이에 바울은 이 편지를 쓰고 있었다. 즉 시대적으로 기독교에 대한 박해를 앞두고 갈등이 고조되던 시기였다. 게다가 이스라엘은 나라를 빼앗겼고, 기독교에 대한 박해는 점점 심해져 가던 암울한 시기였다. 그런데 바울 사도는 이사야의 글을 인용하면서 "소망의 하나님이 모든 기쁨과 평강을 믿음 안에서 너희에게 충만하게 하사 성령의 능력으로 소망이 넘치게 하시기를 원하노라"[롬 15:13]라고 선언한다. 결국 하나님의 사람 이사야와 바울은 박해가 심하고, 나라를 빼앗기고 민족이 희망이 없다고 생각될 때조차, 오히려 한 줄기 희망을 보았다.

삼위 하나님은 희망, 그 자체이시다. 성부 하나님은 희망의 본질이요 뼈대로서 "소망의 하나님이 모든 기쁨과 평강을 믿음 안에서 너희에게 충만하게" 롬 15:13상 하시는 분이시다. 희망 자체이신 하나님이 우리에게 모든 것을 충만케 하신다. 성자 하나님은 희망의 뿌리이자 근원으로서 "열방을 다스리기 위하여 일어나시는 이"시며 "열방이 그에게 소망"을 두게 하신다 롬 15:12. 예수님은 열방을 다스리심으로 희망을 주시며 우리가 예수님께 가야만 그곳에서 희망을 발견하게 된다. 성령 하나님은 희망의 열매며 능력으로서 "성령의 능력으로 소망" 롬 15:13하 을 넘치게 하시는 분이시다. 성령 하나님께서는 희망의 결실이 맺혀지도록 능력을 베푸시는 분이시다. 희망의 삼위 하나님에 대한 믿음은 바울 사도가 끝까지 사역을 완수하도록 이끄신다.

삼위 하나님은 희망의 본질이며 근원이시며 희망 그 자체이시다. 하나님의 사람들은 희망의 사람들이었고, 어떤 어려운 환경과 장애 속에서도 희망을 발견하고 희망으로 살아낸 사람들이었다. 인생의 문제에 직면할 때 희망이 어떤 것을 우리에게 제공해 주는지를 설명해 주는 글이 있다. 다음은 찰스 스윈돌 Charles Swindoll 목사가 베드로서를 강해한 『다시 소망을 가집시다』 Hope again 라는 책에서 인용한 '한 늙은 어부의 편지'이다.

우리가 불행이라는 터널에 갇힐 때, 희망은 그 터널 끝에서

비추는 빛과 같다

우리가 피곤하여 지칠 때, 희망은 우리에게 신선한 활력을
준다

우리가 낙망할 때, 희망은 우리에게 용기를 준다

우리가 그만두고 싶은 유혹을 느낄 때, 희망은 우리가 포기하
지 않고 계속하게 해 준다

우리가 길을 잃고 당황할 때, 희망은 우리의 공포감을 다소나
마 무디게 해 준다.

우리가 오랜 질병과 싸우고 있을 때, 희망은 그 고통을 참고
이길 수 있도록 우리를 도와준다

우리가 최악의 상황을 두려워할 때, 희망은 우리에게 하나님
께서 여전히 통치하고 계심을 상기시켜 준다

우리가 나쁜 결정으로 빚어진 결과들을 참아내야 할 때, 희망
은 우리의 회복을 촉진 시킨다

우리가 직장을 잃을 때, 희망은 우리에게 아직도 미래가 있다
고 말해준다

우리가 앉아서 기다리지 않을 수 없을 때, 희망은 믿고 기다
릴 수 있는 인내심을 준다

우리가 배척당하고 버려졌다고 느낄 때, 희망은 우리가 혼자
가 아니며, 성공할 것임을 상기시켜 준다

우리가 사랑하는 사람에게 마지막 작별인사를 할 때, 내세의 삶
에 대한 희망은 우리의 슬픔을 이기게 해준다

하나님의 사람들은 이러한 희망을 통해 삶의 어려움을 이겨나간다. 그렇다면 어떻게 일상생활 속에 희망을 유지하며 살아갈 수 있을까?

희망을 생활화하기

하나님 없는 인생은 바울의 고백처럼 "오호라 나는 곤고한 사람이로다 이 사망의 몸에서 누가 나를 건져내랴"롬 7:24라고 탄식할 수밖에 없다. 그리스도 밖에서 희망 없던 자의 모습이다. 그러나 바울은 그 고백 뒤에 바로 "그리스도 예수 안에 있는 자에게는 결코 정죄함이 없나니 이는 그리스도 예수 안에 있는 생명의 성령의 법이 죄와 사망의 법에서 너를 해방하였음이라"롬 8:1-2라고 선언한다. 그리스도 안에서 죄의 문제를 해결 받고 새 생명을 얻은 바울은 그의 일생에 수많은 위험과 죽을 고비에 직면했던 것을 오히려 공개한다. 그는 "만물의 찌꺼기"처럼 취급을 당하고, 돌에 맞아 죽을 뻔하고 배고프고 춥고 잠 못 자고 헐벗었다고 말하면서도고전 4:10-13; 고후 11:23-27 희망을 잃거나 죽음의 공포에 빠져들지 않고 오히려 "사망아 너의 이기는 것이 어디 있느냐 사망아 너의 쏘는 것이 어디 있느냐"고전 15:55라고 말한다. 나아가 바울은 "우리 주 예수 그리스도로 말미암아 우리에게 승리를 주시는 하나님께 감사하노니 그러므로 내 사랑하는 형제들아 견실하며 흔들리지 말고 항상 주의 일에 더욱 힘쓰는 자들이 되라 이는 너희 수고가 주

안에서 헛되지 않은 줄 앎이라"고전 15:57-58라고 위로한다. 바울이 낙망하지 않는 이유는 무엇인가? 그가 절망하지 않는 것은 고린도전서 15장에서 일관성 있게 전개된 부활의 소망희망에 대한 확고한 믿음 때문이다. 바울 사도의 부활 소망의 신앙은 어떤 환경이나 위험이나 고통 속에서도 견디고 이기고 감사할 수 있도록 이끈다. 이와 같이 부활 소망은 인간의 핵심문제를 넘어설 수 있음을 보여준다. 그렇다면 어떻게 그리스도 안에서 여전히 희망이 있는 존재임을 매일 발견하며 살 수 있을까?

첫째, 희망은 예수님의 다스림으로부터

무엇이 좌절과 절망 가운데 희망을 바라보게 할까? 어떻게 이사야와 바울은 암울한 시대적 상황 가운데도 희망을 볼 수 있었을까? 이사야 선지자는 예수님의 오심을 이렇게 전한다. "이는 한 아기가 우리에게 났고 한 아들을 우리에게 주신 바 되었는데 그의 어깨에는 정사를 메었고 그의 이름은 기묘자라, 모사라, 전능하신 하나님이라, 영존하시는 아버지라, 평강의 왕이라 할 것임이라"사 9:6. 이 말씀 속에 희망을 생활화하기 위한 한 가지 단서를 찾을 수 있다. 희망은 오직 예수님께만 있다는 것이다. 예수님께서 나 자신을 다스리실 때만 구원이 있고 희망이 있다.

인간의 문제는 스스로 삶을 조절하고 통제하겠다는 교만에 있다.

피조물인 우리는 우리를 만드신 창조자에게 가야만 희망이 있다. 나를 가장 잘 아시는 분, 나를 만드신 분, 그분이 다스리시도록 내 삶의 영역을 확장해 갈 때만 내 삶에 희망을 발견할 수 있다. 시편 기자는 인생의 허무함을 보며 낙담할 수 있음에도 불구하고 주께만 소망이 있음을 고백한다. "여호와여 나의 종말과 연한이 언제까지인지 알게 하사 내가 나의 연약함을 알게 하소서 주께서 나의 날을 한 뼘 길이만큼 되게 하시매 나의 일생이 주 앞에는 없는 것 같사오니 사람은 그가 든든히 서 있는 때에도 진실로 모두가 허사뿐이니이다 셀라 진실로 각 사람은 그림자 같이 다니고 헛된 일로 소란하며 재물을 쌓으나 누가 거둘는지 알지 못하나이다 주여 이제 내가 무엇을 바라리요 나의 소망은 주께 있나이다" 시 39:4-7.

날마다의 삶 속에 '내게는 희망이 없습니다, 그러나 주님께만 희망이 있습니다'라고 고백하며 신뢰하는 삶을 확장해 갈 때 희망을 누리며 살 수 있다. 왜냐하면 주님께서 다스리시기 때문이다. 그러므로 예수님께서 성격도, 음식 습관도, 부부관계도, 교회 생활도, 일일이 개입하시고 다스리시도록 소원하며 맡겨드릴 때 거기에 참 변화의 희망을 발견할 수 있다.

둘째, 희망은 어제보다 조금 나아지기

이사야 선지자와 바울 사도는 역사 속에 아기로 오시는 예수님을 통해 인류와 열방의 구원의 희망의 빛을 보았다. 그루터기에서 한 가지가 나고 줄기가 되어 결실을 맺는 비유는 하나님의 구원계획에는 시기와 과정과 단계가 있음을 보여준다. 인간은 어려움에 직면하면 인생역전, 대박의 꿈을 꾼다. 단 한 번으로 상황을 뒤바꾸어서 원하는 결과를 얻는 것을 기대한다. 그런데 하나님의 인류 구원의 방식은 한 사람, 이새의 가정에 한 아이를 통해서 이루신다고 말씀한다. 이새의 줄기에서 한 싹이 나고 그 뿌리에서 한 가지가 나서 구원의 결실을 맺는다. 희망을 생활화하기에 적용한다면 조그마한 변화를 시작하되 인내를 가지고 나아가면 희망에 도달한다는 것이다. 따라서 "어제보다 조금 나아지기"를 통해 일상생활에서 희망을 발견할 수 있다.

작심삼일作心三日이라는 말이 있다. 결단한 것이 삼일 밖에 가지 못한다는 것이다. 그럼에도 불구하고 삼일 동안만이라도 변화한 것은 이전에 비하면 큰 진전이다. 하루아침에 인격의 성숙도, 습관의 변화도 완성되지는 않는다. 그냥 어제보다 조금씩 나아지는 것으로 충분하다. 하루에 열 번 화내던 사람이 아홉 번으로, 하루에 다섯 번 짜증 내던 사람이 네 번 짜증 내는 것으로 변화의 걸음을 내디딜 때 서서히 희망을 발견하게 된다. 선한 생각을 하루에 한 번 하던 사람이 두 번, 세 번으로 늘어날 때, 어느 날 내 속에 주님의 선함이 강력하게 다스리시는 희망을 발견하게 될 것이다.

인간으로서 한가지 특권은 무한한 변화 가능성이다. 오늘 형편없는 남편이 미래에 존경받는 사람으로 바뀔 수 있는 희망과 가능성이다. 살면서 '그는 저런 사람' 또는 '나는 이런 사람'이라고 규정해 놓고 살아가는 사람은 변화의 희망을 상실하였기에 비극적인 삶이다. 그러 므로 그리스도 안에서 앞으로 나아진다는 변화에 대한 기대와 희망을 품어야 한다. 그리고 그 희망의 발걸음은 어제와 다른 새로운 하루의 조그만 시작으로부터이다.

셋째, 마음과 기쁨과 입술을 즐거움으로 바꾸어라

하나님의 영이 임하시면 변화가 일어난다. 성령께서 머무르시면 그곳에 변화가 일어나고 새사람이 된다. 또한 새로운 꿈을 꾸게 된다. 그러므로 성령이 임하셔서 제자들에게 변화가 일어났을 때, 베드로와 열한 사도는 더 이상 두려워하지 않고 담대하게 예수는 그리스도라고 외친다^{행 2:14-21}. 베드로는 다윗의 시를 인용해서 희망으로 변화된 삶의 모습을 다음과 같이 표현한다. "그러므로 내 마음이 기뻐하였고 내 혀 도 즐거워하였으며 육체도 희망에 거하리니"^{행 2:26}. 예수 그리스도와 동 행하는 삶은 마음의 기쁨과 입술의 즐거움이 넘치게 하시므로 우리의 육체도 희망 속에 거하게 하신다는 뜻이다. 제자들의 고백은 사망에 매여 있을 수 없었던 예수님의 부활을 통해 우리 마음의 기쁨과 입술 의 즐거움을 회복케 하시고, 그것이 희망의 근거라는 것이다^{행 2:24-28}.

마음의 기쁨과 입술의 즐거움은 예수님의 부활에 대한 묵상과 교제를 통해서 가능하다. 부활하신 주님이 내 마음의 기쁨을, 부활하 신 주님에 대한 찬양이 내 입술의 즐거움을 넘치게 하신다. 그때 내 육신도 부활의 희망 속에 이 땅에서 살아갈 수 있다.

나가는 말

암울한 시대에 바울 사도와 이사야 선지자는 희망을 본다. 그것
은 예수님께서 오셔서 다스리실 때 진정한 평화가 이루어진다는 희망
이다. 비록 한 줄기, 한 싹처럼 작지만, 예수님 안에서 인생에 희망이
있고, 인류가 희망과 소망이 있다. 그러므로 예수님은 희망의 근원이
시며, 희망의 하나님은 성령님의 능력으로 희망이 넘치게 하신다. 하
나님의 관점에서 바라보며, 어제보다 오늘 조금씩 나아지며, 마음과
입술의 부활에 대한 소망이 넘쳐날 때 희망의 교회 공동체, 희망을 나
누는 성도가 될 수 있다. "나의 영혼아 잠잠히 하나님만 바라라 무릇
나의 소망이 그로부터 나오는도다"^{시 62:5}.

B. 우울

우울은 마음 또는 영혼의 감기라고 한다. 감기에 걸리듯 쉽게 전염되고 쉽게 낫는다는 말이다. 그러나 면역력이 약해진 노약자에게는 감기도 치명적 질환이 될 수 있다. 쉽게 폐렴으로 발전하고 죽음에 이르게 하기 때문이다. 마음의 감기가 우울이라면 우울이 발전한 우울증은 더 고약한 독감이라 볼 수 있다.

우울은 몸과 마음을 무기력하게 하고, 신앙과 영성을 퇴보시키며 심지어는 자살과도 깊은 연관이 있다. 왜냐하면 자살자의 대부분은 우울증30%-70%으로 고통을 받으면서 자살을 시도하기 때문이다. 또한 남녀노소를 막론하고 자살률이 증가하고 있는데 그것은 우울증을 앓고 있는 사람들이 많다는 의미이기도 하다. 그렇기에 최근 우울증을 치료하는 항우울제 사용이 무려 52%나 급증했다는 보고가 있다.

우울憂鬱은 슬프고 불행한 감정을 표현하는 단어이다. 성격적으로 내향적인 사람이 있고, 외향적인 사람이 있듯이 다소 우울한 경향이 있는 사람도 있고 다소 낙천적인 사람이 있을 수 있다. 그러나 슬프고 불행하게 느끼는 우울한 감정이 주기적으로 오거나, 우울한 상태에 오랫동안 머물러 하나의 증상이 된다면 도움이 필요하다는 경고이다. 물론 우울한 감정과 진단명으로서의 우울증은 구별하지만, 실제적인 삶에서 우울한 감정이 지속된다면 우울증과 마찬가지로 방치하지 말아야 할 질환이다.

우울은 한자어로 근심할 우(憂)와 막힐 울(鬱)자가 합쳐진 단어이다. 한자 풀이를 하면 근심할 우(憂) 자는 커다란 머리[頁·혈]와 심장[心]을 감싼 손[冖덮을 멱], 그리고 이리저리 왔다 갔다 하는 발걸음[夊 천천히 걸을 쇠]의 글자가 합쳐졌다고 한다. 즉 근심(憂)하는 모습은 심장을 감싼 채 생각에 골몰하여 안절부절못하는 상태, 걱정거리로 골머리를 앓고 있는 사람의 모습이다. 또한 막힐 울(鬱)자는 원래는, 아무 죄도 없는 사람을 울창한 숲(林·림)속으로 데려가서 눕혀놓고 짓밟는 모습의 글자였다고 한다. 따라서 원인도 모른 채 억울한 일을 당함으로 '숨이 막히다'라는 답답한 상태로 볼 수 있다. 우울은 한자어의 뜻풀이에 의하면 어디로 가야 할지 몰라 생각이 막히고 행동이 무뎌지며 마음(가슴)이 답답한 상태이다. 우울증의 평생 유병률(평생 한 번 이상 우울증에 걸리는 비율)은 여자의 경우 10~25%, 남자는 5~12% 정도로 알려져 있다. 이것은 누구나 살면서 이런 우울한 상태를 피할 수 없다는 것이다. 그렇다면 이런 우울이 우리를 압도할 때 어떻게 대처할 수 있을까?

성경 속의 우울: 죽기를 청하는 엘리야

엘리야는 이스라엘이 우상숭배로 하나님을 멀리하고 있을 혜성처럼 나타난 선지자이다. 그는 갈멜산에서 누가 참 신인가를 하늘에서 불을 내려 제물을 태우는 것으로 가리자고 제안한다. 그리고 하나님의 역사하심으로 바알을 섬기던 거짓 선지자 450명과 아세라의 선지자 400명과 겨루어 이겼다. 또한 3년 동안의 기근이 엘리야의 기도로 끝이 나고 하나님께서 비를 내려 주신다^{왕상 18장}. 이에 힘을 얻은 엘리야는 우상숭배를 부추겨 왔던 아합왕의 아내 이세벨의 반응을 보기 위해 아합의 마차 앞을 앞서서 이스르엘까지 달려갔다. 그런데 이세벨이 여호와는 참 신이라고 항복하면서 회개하기는커녕, "내일 너의 생명을 취하겠다"라는 전갈을 보낸다. 이러한 소식을 들은 엘리야는 "이 형편을 보고 일어나 자기의 생명을 위하여 도망하여"^{왕상 19:3} 유다에 속한 브엘세바로 도피를 하고 그곳에 사환을 남기고 자신은 하룻길을 광야로 가서 로뎀 나무 아래 앉아서 죽기를 구하며 지쳐 잠든다.

살다 보면 우상 숭배자들을 보기 좋게 물리쳐 버린 갈멜산에서의 엘리야처럼, 영웅이며 승리자일 때가 있다. 갈멜산에서의 엘리야는 이스라엘 백성들을 향하여 "너희가 어느 때까지 둘 사이에서 머뭇머뭇 하려느냐 여호와가 만일 하나님이면 그를 따르고 바알이 만일 하나님이면 그를 따를지니라"^{왕상 18:21} 라고 담대하게 외친다. 엘리야는 하나님의 강력한 인도하심을 날마다 체험하는 능력있는 삶을 살고 있었다. 그런가 하면, 이세벨의 위협^{생명을 빼앗을 것이다}의 말을 듣고 두려움으로 도망쳐 로뎀 나무 아래서 죽기를 구하는 우울한 엘리야 일 때가 있다. 그는 "여호와여 넉넉하오니 지금 내 생명을 거두시옵 소서 나는 내 조상들보다 낫지 못하니이다"^{왕상 19:4}라고 하소연한다.

신앙생활에는 기복이 있기 마련이다. 신앙의 승리자로 모든 것에 담대함과 자신감이 넘칠 때가 있다. 성경 암송이 절로 되고 날마다 하나님의 역사하심을 경험하며, 복음을 나누면 즉각 증거가 나타난다. 항상 입에서는 찬송이 떠나질 않고 언제나 하나님의 뜻은 무엇일지 생각하면서 도전적인 결정을 하는 승리의 시기이다. 엘리야의 삶이 그러했다. 그런데 엘리야 같은 위대한 선지자도 신앙의 정상에만 머무를 수는 없었다.

엘리야는 깊은 우울 속에 죽기를 갈구한다. 그의 우울은 어디서 왔을까? 첫째는 엘리야의 신체적인 피곤과 잘못된 기대와 연관이 있다. 엘리야는 하나님의 말씀에 따라 비가 오지 않을 것을 아합왕에게 선포한다. 그 후 3년여를 기근 가운데서 보내면서 사르밧 과부를 먹이고, 그의 아들을 죽음에서 살리는 기적을 행한다. 하나님과 동행하는 3년여의 훈련 과정을 수료한 엘리야는 갈멜산에서 위대한 대결을 통해 참신이신 하나님을 만천하에 증거한다. 하늘에서 불이 내리고, 삼 년 동안의 가뭄이 그치고 비가 내린다. 엘리야는 하나님의 능력으로 아합왕의 마차 앞을 앞서서 달려갔다. 그런데 오히려 이사벨은 엘리야의 생명을 취하겠다고 협박한다. 엘리야는 아합왕과 이세벨이 회개할 것이라고 기대하였으나, 오히려 그들은 더 완악함을 드러낸다. 이제 엘리야는 3년의 기근 속에 아합왕과 겨루어 오면서 심신이 지쳐 있었다. 기대가 무너지고 심신이 지친 위대한 선지자는 불과 하루 만에 생명을 부지하기 위해 도망가서 숨어 죽기를 원하고 있다.

둘째로 엘리야의 우울은 자기 한계, 즉 열등감으로 인한 것이다. 로뎀 나무 아래서 죽기를 구하는 엘리야는 "여호와여 넉넉하오니 지금 내 생명을 거두시옵소서 나는 내 조상들보다 낫지 못하니이다"^{왕상 19:4}라고 말한다. 그는 선조들과 다를 바가 없는 인간이라고 자신의 한계상황을 토로한다. 어쩌면 이 상황이 오기 전까지는 스스로 생각하기에 '나는 내 열조보다, 내 조상보다, 내 선배들보다, 다른 어떤 선지자보다 나은 사람'이라고 엘리야는 여겼을 것이다. 그는 놀라운 일을 행한 능력의 종이었다. 그러나 하나님께서 그를 통해 놀라운 일을 이루신 것은 사실이지만 엘리야는 단지 하나님의 쓰임 받은 도구라는 것을 잊고 교만해져 있었음에 틀림없다. 엘리야의 우울증은 이세벨의 위협에 도망하는, 나약한 자신을 인식하면서 시작된다. 엘리야는 "내가 만군의 여호와께 열심히 유별"^{왕상 19:10}하다고 말한다. 열심히 특별한 엘리야였으나 이젠 별 볼 일 없는 존재라는 생각이 들자 우울함 속에 죽기를 원한다.

셋째로 엘리야의 우울은 혼자라는 생각 때문이다. 우울증의 특징 중의 하나는 자신밖에 없다는 홀로됨이다. 그는 "오직 나만 남았거늘 그들이 내 생명을 찾아 빼앗으려 하나이다"^{왕상 19:10}라고 고백한다. 엘리야는 "이제 나 혼자입니다"라고 말하는 것이다. 인간에게 있어서 혼자라는 것, 홀로 있다는 것처럼 두려운 일은 없다. 하나님께서는 아담을 지으시고 "사람이 혼자 사는 것이 좋지 아니하니"^창 ^{2:18}라고 말씀하신다. 인간은 함께 살도록 되어있는 존재이다. 엘리야가 혼자서 바알 선지자들과 싸우면서 아마도 동조세력이 생겨날 줄로 기대했을 것이다. 그러나 이세벨에게 쫓겨 도망가는 신세가 되었을 때 엘리야는 자신과 뜻을 같이하는 사람이 한 사람도 없다고 느꼈다. 그래서 그는 "오직 나만 남았습니다"^{I am the only one left}라고 말한다. 따라서 한없는 무기력감과 우울함에 죽음을 청한다.

우리는 문득문득 혼자임을 느낄 때가 있다. 어떨 때는 사랑하는 가족들조차 이방인처럼 느껴지면서 혼자라는 생각이 들 때가 있다. 우울한 사람은 혼자 있고, 혼자이기에 도와줄 사람이 아무도 없다고 생각하는 경향이 있다. 엘리야는 우울한 사람이 되었다.

우울증의 진단 기준에 의하면 '우울한 기분' 또는 '흥미 또는 즐거움의 상실'이 주된 증상이다. 이에 따라 식사 조절^{과식 또는 식욕 감소}이 안되며, 불면 또는 과수면, 피로감 또는 에너지 상실, 그리고 무의미함, 집중력의 감소와 죽음에 관한 생각 등이 나타난다. 이러한 기준에 비추어 보면 엘리야의 상태는 우울증으로 발전되어 가는 과정에 있다고 볼 수 있다.

우울을 극복하는 경건 훈련

성경은 "엘리야는 우리와 성정이 같은 사람"^{약 5:17}이라고 한다. 엘리야처럼 위대한 선지자도 우리와 비슷한 보통의 사람이다. 즉 엘리야가 우울해하며 죽는 것이 더 낫겠다고 생각할 수 있다면 그 누구도 우울로부터 자유로운 사람은 없을 것이다. 그렇다면 주기적으로 다가오는 우울을 우리 성도들은 어떻게 다룰 수 있을까?

1) 신체적 건강 유지하기

첫째로 신체적 건강을 유지해야 우울을 이길 수 있다. 심신이 지쳐 로뎀 나무 아래 누워 죽기를 구하던 엘리야에게 천사가 한 첫 번째 말은 "일어나서 먹으라"^{왕상 19:5}는 것이었다. 그가 먹고 다시 누웠을 때 천사가 그를 어루만지고 숯불에 구운 떡과 한 병 물을 준다. 엘리야는 또 먹고 다시 누웠고 천사가 또다시 그를 일으켜 먹이고 그 음식물의 힘을 의지하여 사십 주 사십 야를 가서 하나님의 산 호렙으로 가게 하신다^{왕상 19:5-8}. 하나님께서는 엘리야에게 주실 말씀이 있었지만 먼저 그가 신체적 회복을 하도록 음식을 제공해 주셨다. 우울은 마음의 병이지만 동시에 신체와 분리할 수 없다. 적절한 음식물의 공급과 규칙적인 운동은 우울을 극복하는 기본적인 조건이다. 왜냐하면 피로감과 에너지 상실로 무기력해질수록 우울 증상이 계속 심해지는 사이클을 반복하기 때문이다. 그러므로 급격한 몸무

게의 증감이 있는지 살펴보고 적절한 몸무게를 유지할 수 있도록 건강한 섭식 습관을 가져야 한다. 또한 무기력감에 혼자 집 안에 머물러 있는 경향이 높기 때문에 규칙적으로 활동하고 기본적 운동을 할 수 있도록 계획해야 한다.

2) 왜곡된 신념을 성경적 사고로 전환하기

둘째로 우울증의 핵심은 왜곡된 신념에 뿌리를 두고 있다. '나만 혼자 남았다', '아무도 없다', '삶이 무의미하다', '하나님은 나를 돌보지 않으신다' 등의 생각에 매몰되어 매사에 부정적 결론에 도달한다. 엘리야는 그와 동행하시며 일하셨던 하나님의 기적과 놀라운 능력을 발휘했지만, 단 한 번의 부정적 결과에 자신은 혼자라면서 죽는 것이 낫다고 생각한다. 우울한 사람의 왜곡된 인지 방법 중에는 터널 비젼 tunnel vision 과 양극화 사고가 있다. 동굴 안에서 밖을 보면서 보이는 것만이 전부로 보거나 흑백논리로 자신이 원하는 것이 아니면 그 반대라고 생각하는 것이다. 엘리야가 동굴 속에 숨어서 "오직 나만 남았다"라고 말하는 것과 마찬가지다.

왜곡된 인지적 사고에 대처하는 방법 중에 하나는 "그래 yes, 그러나 But"를 사용하는 것이다. 실패하여 우울할 때 우리는 우리 자신에게 치명적 진단을 내린다. "한심한 사람", "쓸모없는 사람", "차라리 죽는 게 낫겠다"라는 식의 사고이다. 이러한 생각이 떠오르는 것을 조절할 수는 없지만, 그다음의 반응은 선택할 수 있다. 따라서 "그래 나는 참

부족한 것이 많은 사람이야", "난 할 줄 아는 것이 하나도 없어"yes 라는 생각이 들 때, 그다음은 "그러나"but "난 하나님의 자녀야"요 1:12, "난 예수님의 친구야"요 15:15, "난 하나님의 아들이야"롬 8:14-15; 갈 3:26; 갈 4:6, "난 선한 일을 위해 지어진 하나님의 피조물이야"엡 2:10라는 하나님의 말씀으로 왜곡된 신념을 교정하는 것이다. 호렙산에서 하나님은 엘리야를 만나셔서 "네가 어찌하여 여기 있느냐"what are you doing here? 라고 물으신다. 엘리야는 "내가 만군의 하나님 여호와께 열심이 유별하오니 이는 이스라엘 자손이 주의 언약을 버리고 주의 제단을 헐며 칼로 주의 선지자들을 죽였음이오며 오직 나만 남았거늘 그들이 내 생명을 찾아 빼앗으려 하나이다"왕상 19:14라고 하나님께 호소한다. 하나님께서는 엘리야에게 해야 할 사명과 정확한 정보를 주신다. 하사엘에게 기름을 부어 아람 왕이 되게 하고, 예후에게 기름을 부어 이스라엘 왕으로 세우고, 또 엘리야를 대신할 엘리사를 선지자로 세우라는 사명을 주신다. 또한 하나님께서는 엘리야가 혼자가 아니라 바알에게 무릎 꿇지 아니한 칠천 명이 있음을 알려 주신다. 하나님께서는 부정적 사고로 지쳐 있는 엘리야에게 실제를 인식할 수 있도록 정확한 정보를 주시고 해야 할 일이 있는 사명자임을 알려주심으로 그를 회복 하신다.

탕자는 아버지 재산을 탕진하고 굶주림 속에 죽게 되었지만, 그러나 그는 "스스로 돌이켜서"But, he came to his senses, NASB 눅 15:17 아버지로 돌아갈 생각을 한다. "이에 스스로 돌이켜 가로되 내 아버지에게는 양식이 풍족한 품꾼이 얼마나 많은가 나는 여기서 주려 죽는구나 … 이에 일어나서 아버지께로 돌아가니라"눅 15:17-19. 탕자가 "그러나"를 통해 아버지께로 돌아갔듯이, 우울한 사람도 "그러나"를 통해 하나님의 치유를 경험할 수 있다.

3) 함께함으로 우울 극복하기

우울은 자기 혼자라는 외로운 감정의 상태를 포함한다. 엘리야는 자기 혼자만 남았고, 그래서 할 수 있는 일이 없다고 포기하였다. 하나님께서는 엘리야에게 그와 함께하고 그를 대신할 엘리사에게 기름 부으라 하셨고, 엘리사는 엘리야가 하나님의 부르심을 받아 하늘로 오르는 마지막 순간까지 함께한다. 우울한 사람에게는 함께할 한 사람이 필요하다. 동시에 우울한 상태에서는 함께할 수 있는 교회의 소그룹에 참여하고, 신앙의 인도자가 될 수 있는 코치나 멘토, 영혼의 친구 등과 만남의 기회를 만들어야 한다. 그렇기에 전도서 기자는 "두 사람이 한 사람보다 나음은 그들이 수고함으로 좋은 상을 얻을 것임이라 혹시 그들이 넘어지면 하나가 그 동무를 붙들어 일으키려니와 홀로 있어 넘어지고 붙들어 일으킬 자가 없는 자에게는 화가 있으리라"^{전 4:9-10} 말씀한다.

나가는 말

엘리야를 일컬어 "넘어진 위대한 사람"이라고 부른다. 누구나 넘어질 수 있다. 감기에 걸리듯 우울함에 마음이 무너질 때가 있다. 그렇다고 우울증을 두려워할 필요는 없다. 규칙적 생활습관과 "그러나"로 마음과 생각 바꾸기, 혼자 있음을 두려워하지 않으며 함께하는 사람들과의 교제하기, 그리고 세미한 하나님의 음성을 들으며 내게 주신 사명과 꿈의 발견을 통해, 오히려 우울이 하나님의 위대한 일을 이루어 가는 동력이 될 수 있다.

3장

—

웃음과 울음

A. 웃음

웃음에는 좋은 웃음과 나쁜 웃음이 있다. 사전에는 소리 없이 빙 긋이 웃는 미소微笑나 입을 크게 벌리고 웃는 홍소哄笑 등 괜찮은 웃음도 있지만, 대부분은 고소苦笑: 쓴웃음, 쌀쌀한 태도로 비웃는 냉소冷笑, 조소嘲笑: 조롱하는 웃음, 실소失笑: 어이없는 웃음 등 부정적 웃음 등이 대부분이다. 성경에 보면 비웃음, 조소, 웃음거리 등 일반적으로 부정적 웃음이 주로 사용된다시 40:15; 44:13; 79:4; 123:4.

웃음은 내면에서 나온다. 그래서 '웃음이 터지다', '웃음을 터뜨리다', '웃음이 나온다'라고 표현한다. 사전적으로 웃음은 신체적 자극에서, 기쁨에서, 우스꽝스러움에서, 겸연쩍음에서, 연기演技로서, 또는 병적病的인 데서 오는 것으로 분류한다. '웃다'라는 말의 어원은 분명하지 않지만 '웃음'은 '웃다'의 어간 '웃-'에 명사를 만드는 접미사 '-음'이 붙은 말로 본다. 즉 '웃-음'이 '웃음'이 되었으며, 일단 웃음은 가장 '위上의 숨'이란 뜻으로 볼 수 있다. 가장 위의, 가장 중요한 숨, 즉 생명이라 볼 수 있다. 다시 말하면 웃음이 없다면 결국 생명이 없다는 뜻으로도 이해할 수 있다.

그런데 종종 우리는 웃음은 경건 생활과는 거리가 먼 것으로 여긴다. 성숙한 그리스도인이라면 진지하고, 과묵하고, 표정이 없는 구도자를 떠올린다. 그러나 성경은 사랑과 은혜, 그리고 평강을 약속한다. 예수 그리스도의 은혜와 하나님의 사랑과 성령님의 충만하심을 받은 하나님의 사람은 기쁨이 넘쳐야 할 것이며, 그 기쁨이 얼굴로, 표정으로 나타나는 것은 너무도 당연한 일이다. 시편 기자는 포로로 잡혔던 자가 풀려날 때 꿈을 꾸고, 그 입에는 웃음이 가득하고 혀에는 찬양이 넘친다고 고백한다^{시 126:2}. 따라서 예수 그리스도로 말미암아 죄에서 해방된 그리스도인이라면 만면에 미소를 지으며, 웃는 것은 너무도 당연한 것이다. 그렇다면 삼위 하나님은 웃음의 성품을 갖고 계실까? 그리고 과연 웃음을 생활화하는 경건 훈련은 필요한 것인가를 살펴보자.

웃으시는 삼위 하나님

1) 웃음의 창조자 성부 하나님

하나님께서는 갈대아 우르에서 아브람을 부르시고 "너는 너의 고향과 친척과 아버지의 집을 떠나 내가 네게 보여 줄 땅으로 가라"^{창 12:1}라고 말씀하셨다. 그리고 "내가 너로 큰 민족을 이루고 네게 복을 주어 네 이름을 창대하게 하리니 너는 복이 될지라"^{창 12:2}라고 하셨다. 그런데 자녀 하나 없는 아브람과 사래 부부에게 하나님께서는 열국의 아버지, 열국의 어머니가 되게 하겠다고 말씀하신다. 그래서 창세기 17장 17절에 보면 이 말씀을 하나님께서 하실 때 "아브라함이 엎드려 웃으며 마음속으로 이르되 백 세 된 사람이 어찌 자식을 낳을까 사라는 구십 세니 어찌 출산하리요"하면서 몸종 하갈을 통해 낳은 이스마엘이나 하나님 앞에 살기를 원한다고 말한다. 하나님께서는 정녕 아들을 낳으리니 그 이름을 이삭이라 하라 하신다^{창 17:19}. 창세기 18장 10-15절에 보면 "네 아내 사라에게 아들이 있으리라 하시니 사라가 그 뒤 장막 문에서 들었더라 아브라함과 사라는 나이가 많아 늙었고 사라에게는 여성의 생리가 끊어졌는지라 사라가 속으로 웃고 이르되 내가 노쇠하였고 내 주인도 늙었으니 내게 무슨 즐거움이 있으리요 여호와께서 아브라함에게 이르시되 사라가 왜 웃으며 이르기를 내가 늙었거늘 어떻게 아들을 낳으리요 하느냐 여호와께 능하지 못한 일이 있겠느냐 기한이 이를 때에 내가 네게로 돌아오리니 사라에게 아들이 있으리라 사라가 두려워서 부인하여 이르되 내가 웃지 아니하였나이다 이르시되 아니라 네가 웃었느니라"라고 기록되어 있다.

하나님께서 아들을 주시겠다고 말씀하실 때 아브라함도 웃었고, 사라도 웃었다. 그 웃음은 기쁨과 감사와 즐거움의 웃음이 아니라 실소^{失笑}였다. 갑작스럽게 웃음이 터져 나왔다는 것이다. 어이가 없어서 자신도 모르게 갑자기 조절할 수 없이 터져 나오는 웃음^{영어 표현으로 'sudden uncontrollable laughter' 또는 'burst out laughing'}이다. 그들은 말도 안 되는 것이라고 여겨졌기 때문에 갑자기 웃음이 터져 나왔다.

그러나 하나님께서 아브라함과 사라에게 준 아들 이름이 바로 "웃음", 즉 이삭이다. 이 웃음은 아브라함과 사라가 과거에 웃었던 허탈한 웃음과 완전히 차별된 웃음이다. 따라서 '웃음'이라는 이름을 주시는 그 하나님은 우리에게 진정한 웃음을 주시는 하나님이시다.

또한 선지자 스바냐는 "너의 하나님 여호와가 너의 가운데에 계시니 그는 구원을 베푸실 전능자이시라 그가 너로 말미암아 기쁨을 이기지 못하시며 너를 잠잠히 사랑하시며 너로 말미암아 즐거이 부르며 기뻐하시리라 하리라"스바냐 3:17라고 말씀한다. 우리를 보시며 너무 기뻐하시며 즐거이 부르며 기뻐하시는 하나님은 웃으시는 하나님이시며, 미소 짓는 하나님이시다. 다윗도 고백하기를 "주께서 나의 슬픔이 변하여 내게 춤이 되게 하시며 나의 베옷을 벗기고 기쁨으로 띠 띠우셨나이다 이는 잠잠하지 아니하고 내 영광으로 주를 찬송하게 하심이니 여호와 나의 하나님이여 내가 주께 영원히 감사하리이다"시 30:11-12라고 찬양한다. 슬픔을 춤으로 베옷을 기쁨으로 변화시키시는 하나님은 우리를 웃게 하시는 하나님이심이 틀림없다. 그러므로 사라는 "하나님이 나를 웃게 하시니"창 21:6라고 고백한다.

2) 웃음의 근원이신 성자 하나님

성경에 예수님께서 웃으셨다는 직접적 언급은 없다. 그러나 간접적으로 예수님의 웃음을 발견할 수 있다. 성경에 보면 부모들은 아이들에게 안수해 주시기를 바라는 마음으로 아이들을 데리고 예수님께 나아왔다. 그러나, 제자들은 아이들이 나아오는 것을 막았다. "그 때에 사람들이 예수께서 안수하고 기도해 주심을 바라고 어린 아이들을 데리고 오매 제자들이 꾸짖거늘 예수께서 이르시되 어린 아이들을 용납하고 내게 오는 것을 금하지 말라 천국이 이런 사람의 것이니라 하시고 그들에게 안수하시고 거기를 떠나시니라"^{마 19:13-15}. 아이들이 예수님께 가까이 왔다는 것은 예수님은 밝은 표정과 웃음으로 어린 아이들을 맞아주셨다는 것이다. 왜냐하면 웃지 않는 어른에게 아이들은 가까이 다가오지 않기 때문이다.

또한 예수님께서 "나로 말미암아 너희를 욕하고 박해하고 거짓으로 너희를 거슬러 모든 악한 말을 할 때에는 너희에게 복이 있나니 기뻐하고 즐거워하라 하늘에서 너희의 상이 큼이라 너희 전에 있던 선지자들도 이같이 박해하였느니라"^{마 5:11-12}라고 말씀하셨다. 박해를 받고 욕을 당할 때도 기뻐하고 즐거워하라는 예수님의 산상수훈은 기뻐하고 웃음으로 이기는 것이 복된 삶이라는 가르침이셨다.

십자가의 외로운 길을 떠나는 예수님께서는 제자들을 향하여 말씀하신다. "내가 이것을 너희에게 이름은 내 기쁨이 너희 안에 있어 너희 기쁨을 충만하게 하려 함이라"^{요 15:11}. 예수님의 기쁨 안에 있는 제자들은 고난과 핍박 중에도 그 기쁨으로 충만하게 된다. 성자 예수님은 기쁨이 넘치도록 하시는 분이시다. 그렇기에 무덤에서 예수님의 시신을 찾지 못해 울고 있던 여자들을 예수님은 찾아가신다^{요 20:13-15}. 또한 이름을 부르시며 "어찌하여 우느냐"고 물으시고 마리아의 슬픔을 기쁨으로 변하게 하셨다. 결국 죽음을 이기시고 부활하신 예수님을 만난 제자들은 주를 보고 기뻐하였다요 20:20. 예수님은 기쁨과 웃음의 근원이 되시는 성자 하나님이시다.

3) 웃음을 회복시키시는 성령 하나님

베드로 사도는 성령 충만을 받은 사람들을 향하여 새 술에 취했다고 조롱하는 이들에게 다윗의 글을 인용하면서 "그러므로 내 마음이 기뻐하였고 내 혀도 즐거워하였으며 육체도 희망에 거하리니"행 2:26라고 말한다. 마음의 기쁨, 입술의 즐거움, 희망의 넘침은 웃음과 분리될 수가 없다. 또한 그 성령께서 임하심의 증거는 "날마다 마음을 같이하여 성전에 모이기를 힘쓰고 집에서 떡을 때며 기쁨과 순전한 마음으로 음식을 먹고 하나님을 찬미하며 또 온 백성에게 칭송"행 2:46-47을 받았다. 성령께서 함께하실 때 진정한 교제와 기쁨과 찬미가 있고, 사람들에게 칭찬을 받는다. 웃음을 찾아주시는 성령 하나님이시다. 그렇기에 예수님께서도 "성령으로 기뻐하시며"눅 10:21 하나님께 감사하신다. 기쁨과 성령은 함께 간다. 바울과 바나바는 오해도 받고 핍박을 받아 쫓겨나면서도 "제자들은 기쁨과 성령이 충만"행 13:52하였다. 환경과 상관없이 성령이 충만한 곳에 기쁨이 넘치고, 기쁨이 있는 곳에 웃음이 있다.

웃음을 창조하시는 성부 하나님, 죽음을 이기고 부활의 소망과 기쁨이 되시는 예수님은 웃음의 근원되시는 성자 하나님, 그리고 웃음을 되찾아 주시고 계속적으로 웃음의 삶을 살게 하시는 성령 하나님, 삼위 하나님은 웃음의 하나님이시다.

일상생활에서 미소와 웃음을 유지하기

우리는 얼마나 웃으며 사는가? 아이들은 생후 2-3개월 후부터 웃음의 횟수가 많아져 하루 400번 이상 웃는다고 한다. 6세의 아이들도 하루 300회 정도 웃는다고 한다. 하지만 어른이 되면서 점점 웃음을 잃어버려 하루 100회에서 평균 14회 정도까지 급격히 줄어들고 심지어는 하루에 단 한 번도 웃지 않고 지내는 사람이 꽤 많다.

바울 사도는 데살로니가 교인들에게 "항상 기뻐하라"살전 5:16라고 가르친다. 이 말씀은 항상 기쁘지 않다는 것을 전제로 하고 있다. 그러나 항상 기뻐하며 웃는 얼굴로 살아가라고 명령한다. 그렇다면 웃음도 없고 기쁨도 없을 때 어떻게 기쁨으로, 웃음으로 옮겨갈 수 있을까? 그리고 어떻게 그 미소와 웃음을 유지할 수 있을까?

첫째는 그냥 웃어야 한다. 보통은 '웃겨야 웃지'라고 말한다. 그러나 웃기지 않아도 먼저 웃을 수 있다. 심지어 억지로 웃어도 진짜 웃음으로 변할 수 있다. 따라서 웃음을 훈련해야 한다. 하나님께서 내게 행하신 아름다운 일을 기억하면서 미소 짓고, 씩 웃으며 입꼬리를 올리는 표정을 자주 해야 한다. 물론 때에 맞지 않는 큰 소리와 큰 웃음은 오히려 오해를 불러일으킬 수 있다. 전도서 기자는 그러기에 울 때가 있고 웃을 때가 있으며 슬퍼할 때가 있고 춤출 때가 있다고 말한다 전 3:4. 잠언 기자는 "이른 아침에 큰 소리로 자기 이웃을 축복하면 도리어 저주 같이 여기게 되리라" 잠 27:14 라고 경고한다. 반면에 "사람은 그 입의 대답으로 말미암아 기쁨을 얻나니 때에 맞는 말이 얼마나 아름다운고" 잠 15:23 라고 말씀한다. 입의 웃음, 기쁨의 마음이 적절하게 표현된다면 그것은 참으로 아름다운 일이다. 그래서 웃음의 시작으로 하루를 열고, 일단 웃고, 그냥 웃는 훈련을 해야 한다. 그렇게 하려면 하나님께서 베풀어주신 것을 자주 기억하며 웃어야 한다.

자기 계발과 동기부여의 대가인 지그 지글러 Zig Ziglar 는 "웃지 않는 사람이 인간관계에 있어서 가장 가난한 사람"이라고 했다. 먼저 우리는 웃기로 작정하고 선택해야 한다. 거울은 먼저 웃지 않는다는 말이 있다. 우리가 웃을 때 비로써 반응을 보인다.

둘째, 미소와 웃음은 나의 조그마한 실수실패를 나눌 때 가능하다. 일상생활 속에서 웃음을 실천하며 살기 위해서는 자신의 조그마한 실패의 삶을 웃음의 지렛대로 사용하여 다른 사람과 나누는 담대함이 있어야 한다. 사라는 "하나님이 나로 웃게 하시니 듣는 자가 다 나와 함께 웃으리로다" 창 21:6 라고 고백한다. 쉬운 성경은 "하나님께서 나에게 웃음을 주셨다. 이 이야기를 들은 사람들도 나처럼 웃게 될 것이다"라고 번역한다. 아마도 사라는 이렇게 말했을 것이다. "글쎄 내가 90세가 되어 아들을 낳았어. 처음에 하나님께서 아들을 낳는다고 하셨을 때 내가 몰래 웃었는데 하나님께서 비웃었다고 말씀하시잖아. 아니라고 우겼지. 약간 떨렸어. 근데 정말 90세에 아들을 낳은 거야. 그래서 하나님께서 주신 이름대로 이삭, 즉 웃음 아들이라고 불렀지.” 이 이야기를 듣는 사람마다 이삭 얼굴 한번 보고, 사라 얼굴을 보고 그 나이를 생각하며 신기한 표정과 함께 씩 웃음을 지었을 것이다. 이처럼 하나님께서는 우리에게 웃음을 주실 뿐 아니라 우리에게 일어난 삶의 이야기들을 듣고 보는 이들이 웃음을 찾게 하신다. 즉 하나님의 사람은 웃음의 통로, 웃음을 나누는 사람이다. 웃음을 나누고 전하기 위해서는 자기의 조그마한 실수나 실패를 나누는 것을 두려워하지 말아야 한다. 하나님의 웃음을 받은 사람은 하나님의 웃음의 도구가 되어 웃음을 나누어야 한다.

셋째, 평범 속에 경이로움을 회복해야 한다. 웃음의 삶을 살려면 사물과 사건을 바라보는 새로운 시각을 통해 경이로움을 찾을 수 있어야 한다. 웃음이 없는 것은 의미 없는 삶의 연속이라는 생각으로 기대감을 상실했기 때문이다. 따라서 날마다 평범 속에 특별한 것을 발견하도록 기대해야 한다. 성경은 '기뻐하라'라고 말씀하고, 성령께서 임하시면 우리 속에 기쁨이 넘쳐나서 미소와 웃음을 되찾게 된다고 약속한다. 새로운 시각으로 경이로움을 찾고, 새로운 시도를 통해 새로운 배움을 경험해야 한다. 나아가 자신이 새롭게 발견하고 보게 된 것을 나누기 시작하면 그중에 정말 미소 짓게 하는 이야깃거리가 풍성하게 된다. 결국 평범 속에 경이로움을 보게 될 때 우리는 웃을 수 있고 그 웃음을 나눌 수 있다. 그러므로 창세기 21장 6-7절을 표준 새번역은 다음과 같이 번역한다: “사라가 혼자서 말하였다. ‘하나님이

나에게 웃음을 주셨구나. 나와 같은 늙은이가 아들을 낳았다고 하면, 듣는 사람마다 나처럼 웃지 않을 수 없겠지.' 그는 말을 계속하였다. '사라가 자식들에게 젖을 물리게 될 것이라고, 누가 아브라함에게 말할 엄두를 내었으랴? 그러나 내가 지금, 늙은 아브라함에게 아들을 낳아 주지 않았는가!'" 아이를 낳는 것은 평범한 일일 수 있지만, 나이 많은 노파가 아들을 낳는 것은 경이로운 일이다. 나아가 노파가 젖을 물리는 것은 상상할 수 없었던 일이었다. 이러한 이야기를 듣는 사람마다 하나님의 경이로움을 발견하게 되며 웃음을 짓게 될 것이다.

마지막으로, 웃음의 이야기와 좋은 유머를 메모하는 습관을 키워야 한다. 사실 하나님께서 아브라함과 사라에게 웃음이라는 아들 이삭을 주실 것을 약속하셨지만, 그 약속이 이루어지는 데는 긴 세월이 필요했다. 25년이라는 세월이 흘러 하나님의 약속의 기한이 이르렀을 때 하나님께서는 약속을 성취하시고 진정한 웃음을 찾게 하셨다. 아브라함은 175세까지 살았으니 적어도 75년을 그 아들 이삭으로 인하여 웃음과 기쁨의 노년을 보냈을 것이다. 사라는 65세에 갈대아 우르를 떠나 90세에 아들 이삭을 낳았고, 그 후 37년의 세월을 아들 웃음과 함께 지내다가 127세에 생을 마쳤다. 때로는 더딜지라도 하나님의 웃음의 약속을 신뢰할 때, 그 약속이 성취되면서 후년에 웃음이 더 커지게 된다. 따라서 기쁨의 이야기와 웃음과 유머를 기록해 두어야 한다. 그러므로 잠언 기자는 현숙한 여인은 후일에 웃는 사람잠 31:25, NIV 성경은 "she can laugh at the days to come"으로, NASB 성경은 "she smiles at the future"로 번역했다. 이라고 말씀한다. 하나님을 경외하는 하나님의 사람은 점점 더 웃게 되는 삶, 지금은 잠시 힘들어도 훗날 더 미소 짓는 삶을 누리게 될 것이다.

나가는 말

이름에는 뜻, 꿈, 비전, 그리고 사명을 담고 있다. 아브라함과 사라에게 웃음의 삶을 살도록 하시겠다는 하나님의 계획과 섭리와 뜻은 이름이 웃음인 이삭을 통해서 이루어졌다. 또한 "웃음"을 선물로 받고 태어난 이삭은 일생 부모와 남들을 웃게 한 일생이었다. 웃음을 회복한 아브라함과 사라를 통하여 웃음의 삶을 선물로 이웃과 나눌 수 있도록 하셨다.

웃음은 우리의 삶을 꽃피게 만드는 힘을 가지고 있다. 웃음은 우리에게 무엇인가 할 수 있게 하고, 동기를 부여하고, 새롭게 시작하도록 용기를 준다. 이 모든 결과는 아주 작은 시간과 관심에서 웃음을 선택할 때 시작된다. "예수님! 우리도 이삭과 같이 웃음의 창조자이신 하나님의 은혜로 웃음을 유통하고 웃음을 나누고, 성령님의 도우심으로 가정과 직장과 교회에서 웃음을 전염시키는 성도가 되게 하옵소서!"

B. 울음

　남자 화장실에 가면 민망한 글귀가 있다. "남자가 흘리지 말아야 할 것은 눈물 뿐이 아닙니다." '제대로 소변을 보라'라는 요청을 재미있게 표현하였지만, 남자는 눈물을 흘리지 말아야 한다는 것을 전제로 쓰인 문구이다. 그런데 남자뿐만 아니라 여자, 어르신과 어린이를 불문하고 눈물과 울음은 연약함을 드러내는 것이라고 생각하는 고정관념이 있다. 그렇기에 그리스도인들도 눈물과 울음에 대해서는 다소 부정적인 것이 사실이다.

　울음의 고어는 '우룸'으로 그 어원은 분명치 않다. 눈물은 눈을 보호하기 위해서 눈물샘에서 분비되는 체액의 한 종류라고 정의한다. 그런데 모든 포유류는 눈의 보호를 위해 눈물을 흘리는 반면에 사람은 눈의 보호뿐 아니라 감정의 변화에 의해 눈물을 흘리기도 한다. 즉 눈물은 자극을 받아 나오는 반사적인 눈물이 있는가 하면 감정에 따라 자연스럽게 흐르는 눈물이 있다. 그렇기에 사람에게는 눈물과 감정

표현의 하나인 울음은 함께 간다. 그뿐만 아니라 정서적인 상태를 담고 있는 눈물과 울음은 우리 영성의 깊이를 재는 척도이기도 하다.

우리는 '눈물 골짜기'시 84:6를 지나가는 인생을 살아간다. 그런데 하나님은 우리의 눈물을 간과하지 않으신다. 시편 기자는 "주께서 내 영혼을 사망에서, 내 눈을 눈물에서, 내 발을 넘어짐에서 건지셨나이다"시 116:8라고 외친다. 하나님께서는 우리 눈의 눈물을 거두시며 눈물의 골짜기에서 건지시는 하나님이시다. 왜냐하면 그 하나님은 우리의 눈물의 의미를 아시기 때문이다.

눈물 흘리시며 우시는 삼위 하나님

1) 하나님의 눈물

예레미야 선지자는 이스라엘 백성들이 하나님을 배반하고 큰 상처를 입고 파멸로 향해 가는 모습을 언급하면서 "내하나님 눈이 밤낮으로 그치지 아니하고 눈물을 흘리리니 이는 처녀 딸 내 백성이 큰 파멸, 중한 상처로 말미암아 망함이라"렘 14:17라고 경고한다. 그 백성의 범죄로 인해 그치지 않고 눈물 흘리시는 하나님이시다. 또한 이스라엘의 교만으로 말미암아 울며, 눈물을 흘리며 통곡하신다고 성경은 기록한다. "너희가 이를 듣지 아니하면 나하나님의 심령이 너희 교만으로 말미암아 은밀한 곳에서 울 것이며 여호와의 양 떼가 사로잡힘으로 말미암아 눈물을 흘려 통곡하리라"렘 13:17.

하나님께서는 그의 백성들이 범죄하고, 반역하고, 우상숭배하고 교만하여 그 상처 입고 파멸로 가는 것을 보시면서 애통하시며 눈물을 흘리신다. 하나님께서는 우리를 보시며 안타까워하시고 눈물을 흘리시는 성부 하나님이시다.

2) 예수님의 눈물

예수님께서는 나사로가 죽었을 때 "우리 친구 나사로가 잠들었도다 그러나 내가 깨우러 가노라"요 11:11라고 말씀하셨다. 그때 제자들은 "주여 잠들었으면 낫겠나이다"라면서 다소 빈정거리듯이 응답한다. 예수님께서는 나사로의 죽음을 아셨다. 그렇기에 "나사로가 죽었느니라"하시고 "그에게로 가자"라고 분명히 말씀하셨고, 이 때 디두모라 하는 도마는 "우리도 주와 함께 죽으러 가자"요 11:16라고 한다. 그후에 마리아와의 대화가 진행되었고, 예수님께서 죽은 나사로의 무덤 앞에 도달하셨을 때 눈물을 흘리셨다. "예수께서 그가 우는 것과 또함께 온 유대인들이 우는 것을 보시고 심령에 비통히 여기시고 불쌍히 여기사 이르시되 그를 어디 두었느냐 이르되 주여 와서 보옵소서하니 예수께서 눈물을 흘리시더라"요 11:33-35.

예수님께서는 단순히 친구였던 나사로가 죽었고 사랑하던 그 누이들이 울고 있었기 때문에 우신 것이 아니다. 예수님께서 마음에 비통히 여기시고 불쌍히 여기셨다는 것은 "마리아와 마르다 그리고 베

다니에 살던 그들의 친구들의 마음속에 그토록 심한 아픔을 가져다 주는 죄와 죽음을 향한 주님의 의분을 암시하는 것"으로 이해할 수 있다메인 아이디어, 324. 또한 요한복음에 반복적으로 표현되는 '불쌍히 여기셨다', '괴로워하다' 요 12:27; 13:21, 14:1, 27 라는 것은 매우 강한 어조로 그들과 함께 느끼며 마음이 움직였음을 묘사한다.[1] 그렇기에 예수님께서 눈물을 흘리신 것은 마리아와 유대인들의 울음을 표현할 때와는 다르게 요한은 단어를 사용한다. 요한복음 11장 33절에 보면 헬라어의 다른 단어를 사용하여 '그들의 울음'과 '예수님의 울음'을 구별한다. 우리 성경 번역에 '울었다'와 '눈물을 흘렸다'로 번역되어 있는데, 성경 학자들은 그들은 크게 소리내어 울부짖는loud wailing, klaionatas 울음인 반면에, 예수님의 눈물은 조용히 떨어지는 눈물weep, edakrysen의 단어를 사용하였다. 즉 그들의 눈물과 울음은 가족과 친구와의 사별로 인한 격하고 슬픈 감정의 표출이었다. 그러나 예수님은 죽음에 대해 비통해하시고 불쌍히 여기시는 애통해하는 눈물을 흘리셨다.

동시에 예수님께서는 예루살렘의 멸망을 바라보시며 우셨다. "가까이 오사 성을 보시고 우시며 이르시되 너도 오늘 평화에 관한 일을 알았더라면 좋을 뻔하였거니와 지금 네 눈에 숨겨졌도다" 눅 19:41-42. 예수님의 눈물은 다가오는 심판에 따른 백성들의 아픔과 고통을 보시며 눈물을 흘리셨다. 빼앗길 나라와 그 민족이 겪게 될 고통을 보시면서 가슴 아파하셨던 것이다. 심지어 예수님은 암탉이 병아리를 품듯

---

1 개역한글에 '민망히 여기셨다', 개역개정에 '불쌍히 여기셨다'는 표현은 헬라어로는 "너무나 불쌍해서 탈장이 일어나게 아프다"라는 뜻이다.

품으려 했으나 그들이 거절하였다고 말씀하신다. "예루살렘아 예루살렘아 선지자들을 죽이고 네게 파송된 자들을 돌로 치는 자여 암탉이 그 새끼를 날개 아래에 모음 같이 내가 네 자녀를 모으려 한 일이 몇 번이더냐 그러나 너희가 원하지 아니하였도다" 마 23:37; 눅 13:34 .

그뿐만 아니라 히브리서 기자는 "그예수님는 육체에 계실 때에 자기를 죽음에서 능히 구원하실 이에게 심한 통곡과 눈물로 간구와 소원을 올렸고 그의 경건하심으로 말미암아 들으심을 얻었느니라" 히 5:7 라고 기록한다. 예수님께서는 때로 심한 통곡으로 눈물과 간구로 소원을 하나님께 아뢰었다. 예수님께서는 죄와 죽음 앞에 무력한 인생을 보시며 불쌍히 여기심에 눈물을 흘리셨고, 또한 예수님께서는 참 인간으로서 하나님 아버지를 향하여 통곡하며 눈물로 기도하며 소원을 아뢰었다. 예수님께서는 애통해하시며 눈물을 흘리시는 성자 하나님이시다.

3) 성령님의 눈물

성령님께서도 우리를 위해 간구하실 때 우리를 위해 우신다. 바울 사도는 로마 성도들을 향하여 "이와 같이 성령도 우리의 연약함을 도우시나니 우리는 마땅히 기도할 바를 알지 못하나 오직 성령이 말할 수 없는 탄식으로 우리를 위하여 친히 간구하시느니라 마음을 살피시는 이가 성령의 생각을 아시나니 이는 성령이 하나님의 뜻대로 성도를 위하여 간구하심이니라" 롬 8:26-27 라고 말씀한다. 한글판 킹제임스 성경은 이렇게 이 구절을 번역한다. "이와 같이 성령께서도 우리의 연약함을 도우시나니 우리가 마땅히 기도할 바를 알지 못하나 성령께서 말로 할 수 없는 신음으로 친히 우리를 위해 중보하시느니라." 어떻게 기도를 해야 할지 모르는 연약한 성도들을 향하여 탄식하며 친히 중보하시는 성령님은 눈물을 흘리시는 성령 하나님임이 틀림없다.

또한 바울 사도는 에베소 교회를 향하여서 "하나님의 성령을 근심하게 하지 말라 그 안에서 너희가 구원의 날까지 인치심을 받았느니라"엡 4:30라고 권면한다. 물론 직접적으로 성령님께서 눈물을 흘리신다고 표현되어 있지는 않다, 그러나 더럽고 악한 말로 은혜의 자리에서 떠나는 성도들을 볼 때 근심케 되는 성령님은 분명 마음으로 울고 계시는 성령 하나님이시다.

성경 속의 눈물과 울음

예레미야는 눈물의 선지자로 알려져 있다. 그는 시내처럼 눈물을 흘리고애 3:48-49 울 때에 눈물이 물같이 흘러내렸다애 1:16. 밤새도록 애곡하며 울고애 1:2. 주야로 울었다렘 9:1. 그는 심지어 '창자가 끊어지듯 울었다'애 2:11라고 말한다. 예레미야는 예루살렘의 멸망과 이스라엘의 파멸과 닥칠 심판을 보며 눈물을 흘렸다. 심지어 그는 "어찌하면 내 머리는 물이 되고 내 눈은 눈물 근원이 될꼬 죽임을 당한 딸 내 백성을 위하여 주야로 울리로다"렘 9:1라고 결심한다. 마치 예수님께서 예루살렘 성의 회개치 않음을 보며 눈물을 흘리신 것과 마찬가지이다. 하나님의 사람은 하나님의 눈물의 의미를 안다. 그는 눈물을 흘리시는 하나님의 마음을 알았기에 눈물의 선지자가 되었다. 하나님의 마음을 얼마나 배우느냐에 눈물의 진정한 영성을 회복할 수 있다.

다윗은 눈물을 흘리며 탄식함으로 기도하였다. "내가 탄식함으로 피곤하여 밤마다 눈물로 내 침상을 띄우며 내 요를 적시나이다"시 6:6. 또한 그는 눈물 흘리며 기도할 때에 하나님께서 잠잠치 않으시길 간구한다시 39:12. 다윗은 그가 하나님 앞에 흘린 눈물이 주의 눈물 병에 담겨져 주의 책에 기록될 것이라 믿었다시 56:8. 즉 그는 하나님 앞에서 흘린 눈물의 기도는 반드시 하나님께서 하나도 놓치지 않고 다 기억하시고 응답하실 것을 확신했다.

바울은 눈물의 사도였다. 그는 에베소 장로들을 향하여 "여러분이 일깨어 내가 삼 년이나 밤낮 쉬지 않고 눈물로 각 사람을 훈계하던 것을 기억하라"행 20:31라고 권면한다. 또한 바울은 유대인의 간계와 시험이 늘 그를 힘들게 함에도 불구하고 모든 겸손과 눈물로 참고 견디며 주를 섬겼다행 20:19. 기도할 때, 훈계할 때 바울 사도는 눈물로 하였다. 그뿐만 아니라 권면의 편지를 쓸 때도 많은 눈물로 썼는데 그 이유는 그의 마음속에 고린도 교우들을 향한 넘치는 사랑이 있었기 때문이다고후 2:4. 빌립보 교우들을 향하여서는 그들 가운데 그리스도 십자가의 원수로 행하는 사람들이 있음을 보면서 권면과 경고의 말도 눈물을 흘리며 한다빌 3:18. 하나님의 사람은 바울처럼, 넘치는 사랑 때문에 애통한 마음으로 눈물을 흘리며 기도하고, 눈물로 훈계하며, 눈물로 말과 글을 통해 권면해야 한다.

디모데도 눈물의 사람^{딤후 1:4}이었고, 욥은 억울한 일을 당할 때 그의 친구들은 그를 조롱했지만 그의 눈은 오히려 하나님을 향하여 눈물을 흘렸다^{욥 16:20}. 히스기야가 병으로 고통 받을 때 "왕의 조상 다윗의 하나님 여호와의 말씀이 내가 네 기도를 들었고 네 눈물을 보았노라 내가 너를 낫게 하리니 네가 삼 일 만에 여호와의 성전에 올라가겠고"^{왕하 20:5}라고 약속하신다.

누가복음에 보면 향유 담은 옥합을 가져와 예수님 발에 부은 한 여인의 이야기가 있다. 그 여인은 "예수의 뒤로 그 발 곁에 서서 울며 눈물로 그 발을 적시고 자기 머리털로 닦고 그 발에 입맞추고 향유를"^{눅 7:38} 부었다. 예수님께서는 많이 탕감 받은 자가 더 큰 사랑을 한다며 이 여인을 칭찬하고 구원을 선포하셨다.

성경 인물들 속에 눈물은 하나님의 심정으로 성도와 이웃을 향한 애통해하는 눈물이며, 하나님의 보호하심과 인도하심을 구하는 기도의 눈물이며, 예수님에 대한 사랑에 감격한 감동의 눈물이다. 그러므로 말할 때, 글을 쓸 때, 훈계할 때, 권면할 때 하나님의 사람은 눈물의 영성을 먼저 점검해야 한다. "내 눈에 흐르는 눈물은 아직 남아 있는가?"

일상생활 속의 눈물과 울음

그렇다면 어떻게 눈물과 울음의 영성을 일상생활 속에서 건강하게 사용할 수 있을까? 먼저 눈물은 꾸밈이나 억지로 하는 것은 아니다. 무엇보다 삼위 하나님의 눈물, 즉 잃어버린 영혼에 대한 애통해하는 마음을 회복하는 것이다. 그것을 위해서는 하나님의 마음을, 예수님의 마음을, 성령님의 마음을 묵상하고 회개하는 '홀로 있음의 시간'을 가져야 한다. 단순히 슬픔에 젖어 눈물을 흘리는 것은 오히려 불신앙에 머물게 한다. 부활하신 예수님을 만난 마리아가 제자들에게 돌아갔을 때 그들을 여전히 슬퍼하며 우는 중이었다^{막 16:10}. 그때 마리아가 예수님께서 다시 살아나셨다는 것과 자신에게 보이셨다는 것을 전하였지만 그들은 듣고도 믿지 아니하였다^{막 16:11}. 그들의 강한 슬픔과 눈물이 오히려 부활하신 예수님을 보지 못하게 하였다. 따라서 예수님과 함께하는 '홀로 있음의 시간'을 정기적으로 가져야 한다. 그렇게 할 때에 우리는 예수님의 애통하는 마음을 배울 수 있다. 나아가 예수님처럼 우리의 눈물의 영역이 확장되어 내 자신과 가족과 친지를 넘어 교회 공동체와 지역사회와 민족과 세상까지 품을 수 있게 된다.

두 번째는 '애통하는 자에게 복이 있다'^{마 5:4}는 예수님의 약속을 기억하는 것이다. 애통함이 있을 때 우리는 하나님께 나아가며, 예수님의 이름으로 간절하게 눈물을 흘리며 부르짖게 된다. 하나님께서는 약속하신 위로를 애통해하는 자에게 베푸신다. 결국 눈물을 흘릴 수 있다는 것은 하나님의 선물이며 성도의 특권이다. 하나님을 향하여, 하나님의 백성을 위하여 눈물을 흘릴 수 있다는 것은 하나님을 기쁘시게 하는 것이다. 반면에 살면서 경험하는 우리의 슬픔과 좌절, 아픔의 눈물도 언젠가 하나님은 다 제거해 주실 것이다. 그러므로 성경은

"모든 눈물을 그 눈에서 닦아 주시니 다시는 사망이 없고 애통하는 것이나 곡하는 것이나 아픈 것이 다시 있지 아니하리니 처음 것들이 다 지나갔음이러라"계 21:4, 7:17라고 말씀한다.

세 번째 눈물의 영성은 다양한 기도 생활과 연관이 있다. 기도의 대상뿐 아니라 기도의 방법도 다양하게 해야 한다. 탄식 기도, 중보 기도, 침묵 기도, 통성 기도, 합심 기도 …. 다양한 방식을 통해서 우리의 기도 대상들을 확장하기 시작하면 거기서 자신과 가족, 교우들, 교회와 민족에 대해 세밀하고 구체적인 눈물의 기도를 할 수밖에 없게 된다. 하나님은 우리가 자신을 위해 흘린 눈물, 가족을 위한 눈물, 교회를 위한 눈물, 민족을 위한 눈물, 사탄과 맞서서 흘린 성도의 눈물을 기억하시고 결코 잊지 않으신다.

마지막으로 눈물로 새로운 삶의 변화를 위하여 씨를 뿌려야 한다. "눈물을 흘리며 씨를 뿌리는 자는 기쁨으로 거두리로다 울며 씨를 뿌리러 나가는 자는 반드시 기쁨으로 그 곡식 단을 가지고 돌아오리로다"시 126:5-6. 하나님의 백성은 눈물이라는 씨를 뿌리는 자와 같다. 눈물은 고통이며, 인내이다. 세파에 흔들리더라도 열매를 맺을 때까지 눈물로 키워가는 농부의 심정으로, 성도는 눈물을 흘리며 씨를 뿌려야 한다. 눈물로 사랑을 심고, 눈물로 긍휼을 심고, 눈물로 용서를 심고, 눈물로 기도를 심어야 한다. 그때 하나님의 약속은 기쁨으로 열매를 거두게 된다는 것이다.

언제 눈물을 흘렸고 무엇을 위해 눈물을 흘렸는가를 점검해 보면 자신의 영성의 자리가 드러난다. 유안진 씨는 그의 "키"라는 시에서 이렇게 표현한다.

부끄럽게도

여태껏 나는

자신만을 위하여 울어 왔습니다

아직도

가장 아픈 속울음은

언제나 나 자신을 위하여

터져 나오니

얼마나 더 나이 먹어야

마음은 자라고

마음의 키가 얼마나 자라야

남의 몫도 울게 될까요

삶이 아파 설운 날에도

나 외엔 볼 수 없는 눈

삶이 기뻐 웃는 때에도

내 웃음 소리만 들리는 귀

내 마음 난장인 줄

미처 몰랐습니다.

부끄럽고 부끄럽습니다.

나가는 말

우리의 많은 눈물이 자신만을 향한 것뿐이요, 마음이 난쟁이가 되어 남의 몫을 위해 울지 못하는 나약한 존재로 점점 변해가고 있다. 그러나 이제 다시 눈물을 흘리며 씨를 뿌리는 일을 시작해야 한다. 눈물로 씨를 뿌리는 하나님의 사람은 예수님을 닮아 죄와 맞서고, 평화를 잃어버린 영혼과 가족, 민족을 위하여 눈물을 흘림으로 잃어버린 영혼을 찾아오고, 죽어가는 영혼을 살려내는 기적의 역사를 거두게 될 것이다.

삼위 하나님은 하나님의 백성들을 바라보시며 눈물 흘리시는 하나님이시다. 동시에 그 하나님은 우리의 눈물을 아시고 회복시켜 주시며 눈물을 통하여 하나님을 좀 더 배우라고 말씀하신다. 그렇다면 사도행전 1장 8절을 조금 바꾸어 이렇게 읽을 수도 있다. "오직 성령이 너희에게 임하시면 너희가 눈물의 능력을 회복하고 자신과 가족과 교회와 지역사회를 넘어 민족과 세상 끝에 이르기까지 내^{예수님의 눈물의} 증인이 되리라."

4장

—

행복과 고통

A. 행복

　누구나 행복한 삶을 꿈꾸고 행복하기를 소망한다. 그러나 행복감을 느끼거나 행복을 누리며 사는 사람은 그리 많지 않은 듯싶다. 수년 전 행복 전도사로서 출판으로, TV 출현으로 많은 사람들에게 희망과 용기를 주었던 한 유명인의 자살은 많은 사람들에게 큰 충격을 주었다. 이것은 행복하게 살아야 한다거나 행복하기를 바라는 것과 행복감을 느끼고 사는 것은 다른 것임을 보여주는 사례이다.

　원래 행복이란 단어는 우리말이 아니라 영어의 'happiness'를 19세기에 일본 학자가 번역하면서 한자어를 가져다 표현한 것으로 알려져 있다. 영어의 'happy'의 어원은 행운을 뜻하는 'hap'에서 유래되었고, '신이 허락한 좋은 시간'으로 기독교적인 신의 개념이 포함되어 있다. 반면에 아시아에는 이와 비슷한 개념이 없기 때문에 물질적 풍요를 표현하는 두 한자어, '행幸'과 '복福'을 붙여 "행복"이라는 신조어가 탄생 되었다. 우리 선조들은 '안심安心'이나 '안락安樂'이라는 용어를 사용했는데 그 뜻은 물질적 풍요보다는 편안한 마음이나 즐거움을 뜻하였다. 서양식에 하나님께서 허락하신 즐거운 시간인 행복은, 우리식으로 마음에 평안함과 기쁨과 즐거움을 뜻하는 안심이나 안락이 일맥상통한다고 볼 수 있다. '행복'의 사전적 의미는 "욕구가 충족되어있는 상태 또는 그때에 생기는 만족감" 또는 "생활의 만족이나 삶의 보람 때문에 느끼는 흐뭇한 상태"이다. 그렇다면 그리스도인에게 행복은 '하나님께서 우리에게 허락하신 좋은 시간과 즐거움, 평안함을 느끼는 마음의 상태'라 볼 수 있다.

세상적 관점에서 행복(갑)

유엔의 '세계 행복 보고서'에 의하면 한국은 삶의 만족도²⁰¹⁶⁻²⁰¹⁸가 156개국 중 54위이다. 1인당 국내총생산^{GDP}이 27위, 건강 수명은 9위인데 행복지수는 상대적으로 크게 낮은 편이다. 보고서는 그 이유를 행복의 사회적 기초가 취약하기 때문이라고 분석한다. 힘들고 어려운 때에 도움을 청하거나 지지해 줄 가족이나 친구가 없다는 의미이다. 특이한 점은 연령대가 높아질수록 어려울 때 도움받을 사람이 없다는 비율이 높아진다^{20대 7%, 30·40대 22%, 50대 이상은 39%, OECD 평균 8%}. 이러한 연구들은 행복이 경제적 부나 건강 등과 무관한 것은 아니지만 그것보다 더 중요한 것은 삶에 대한 태도나 가치, 가족 및 교우 관계가 훨씬 중요함을 보여준다.

행복에는 두 가지 측면이 있는데 하나는 '행복을 갖는다'^{복권 등 우연}을 통하여 얻는 이득라는 것과 또 하나는 '행복을 느낀다'^{주관적인 감정 상태}라는 것 등 이다. 문제는 삶의 환경이 변화되면 행복이 찾아올 것이라고 생각해서 그것에 집중하지만 변화된 상황, 즉 쾌락에 곧 적응하기 때문에 결코 만족하지 못한다. 큰 액수의 복권에 당첨된 많은 사람들이 잠시 행복감을 느끼지만, 후에 이혼이나 가정파탄에 이른다는 것이 이러한 예를 잘 보여준다. 따라서 행복의 순간을 경험하고 느낄 수 있지만, 지속적이고 계속적인 행복의 상태, 즉 만족감을 느끼며 사는 것은 쉽지 않다.

캐럴 로스웰^{Carol Rothwell}과 피터 코언^{Peter Cohen}은 "행복은 인생관, 적응력, 유연성 등 개인적 특성을 나타내는 P^{Personal Characteristics}와, 건강, 돈, 인간관계 등 생존조건을 가리키는 E^{Existence}, 야망, 자존심, 기대, 유머 등 고차원 상태를 의미하는 H^{Higher Order Needs}등 3가지 요소에 의해 결정된다"라고 주장하고, "행복 = P + (5×E) + (3×H)"라는 공식을 만들어 냈다. 즉 선천성과 후천성의 개인적 특징, 생존조건인 현실성^{줄 수 있는 것과 없는 것}과 기대성^{좋아질 것과 나빠질 것}, 그리고 높은 차원의 필요를 충족시켜 줄 수 있는 교육과 훈련^{후천성}이 밀접하게 연관이 있다. 이러한 행복에 관한 많은 연구와 조사에도 불구하고 행복을 평가하고 측정하기는 쉽지 않다. 왜냐하면 개인적 행복을 느끼는 것은 객관적인 사실이 아니라 주관적인 경험^{감정 상태}이기 때문이다.

행복을 주시는 삼위 하나님

성부 하나님은 우리에게 좋은 것을 주시는 하나님이시다. 하나님께서는 아담과 하와를 창조하시고 그들에게 복을 주셨다^{창 1:22, 28}. 또한 "남자와 여자를 창조하셨고 그들이 창조되던 날에 하나님이 그들에게 복을 주시고 그들의 이름을 사람"^{창 5:2}이라 부르셨다. 하나님은 노아와 그 아들들에게 복을 주시고^{창 9:2}, 아브라함에게 복을 주셨다^{창 12:2-3;} ^{18:18; 22:17-18}. 이스마엘에게도 복을 주시고^{창 17:20}, 이삭에게 복을 주셨다^{창 25:11}. 예수님께서는 "너희가 악한 자라도 좋은 것으로 자식에게 줄 줄 알거든 하물며 하늘에 계신 너희 아버지께서 구하는 자에게 좋은 것으로 주시지 않겠느냐"^{마 7:11}라고 반문하셨다. 바울 사도는 디모데에게 "하나님은 복되시고 유일하신 주권자이시며 만왕의 왕이시며 만주의 주"^{딤전 6:15}라고 선언한다. 하나님께서는 "온갖 좋은 은사와 온전한 선물"^{약 1:17}을 내려 주시는, 복 주시는 하나님이시다.

성자 예수님은 팔복을 통해서 복 있는 사람이 누구인지를 말씀하셨다^{마 5:1-12}. 성자 예수님께서는 그 복된 자의 삶과 천국 시민의 삶을 보여주셨고, 그러한 삶을 살도록 초청하시는 복 주시는 분이시다. 그분께는 "충만한 복"^{롬 15:29}이 있고, "그리스도 안에서 하늘에 속한 모든 신령한 복"^{엡 1:3}이 있다.

성령 하나님께서는 약속하신 복을 받게 하신다. 바울 사도는 갈라디아 교회에 "그리스도 예수 안에서 아브라함의 복이 이방인에게 미치게 하고 또 우리로 하여금 믿음으로 말미암아 성령의 약속을 받게 하려 함이라"^{갈 3:14}라고 말씀한다. 또한 사도 베드로는 "너희가 그리스도의 이름으로 치욕을 당하면 복 있는 자로다 영광의 영 곧 하나님의 영이 너희 위에 계심이라"^{벧전 4:14}라고 선포한다. 성령 하나님께서 함께하실 때 치욕도 복이 된다. 성령 하나님은 약속하신 것을 이루게 하시며, 고난과 핍박 가운데도 인내하며 이기게 하시는, 복을 누리게 하시는 분이시다.

성경에서의 행복

구약에서 주로 사용되는 복 또는 행복이라는 히브리어 단어는 '아슈레'인데 '잘 되어 간다, 진보된다'라는 동사에서 온 명사이다. 시편, 잠언, 전도서 등에서 주로 사용된다^{예: 시 218:2; 잠 14:21, 16:20, 29:18; 전 10:17; 사 32:20}. 시편 기자는 하나님을 경외하며 그 말씀을 따라 사는 사람들에게 수고한 대로 그 소산을 얻는 복과 형통이 있다고 말한다. "여호와를 경외하며 그의 길을 걷는 자마다 복이 있도다 네가 네 손이 수고한 대로 먹을 것이라 네가 복되고 형통하리로다"^{시 128:1-2}. 빈곤한 자를 불쌍히 여기는 자가 행복한 자이고^{잠 14:21}, 하나님을 의지하는 자^{잠 16:20}와 하나님의 율법을 지키는 자^{잠 29:18}가 복 있는 사람이다.

헬라어에서 '복' 또는 '행복'으로 번역되는 단어는 '마카리스모스'인데 주로 영적인 축복을 표현하는 단어이다. 갈라디아 교회에 보낸 편지에서 바울 사도는 자신을 하나님의 천사와 같이 또는 그리스도 예수와 같이 영접한 것을 상기하면서 그 복이 어디에 있냐고 안타까워한다^{갈 4:15}. 즉 그들이 섬김과 나눔을 통해 누렸던 영적인 복을 잃어버린 것에 대한 아쉬움의 표현이었다. 로마에 있는 성도들에게 쓴 편지에서는 "일한 것이 없이 하나님께 의로 여기심을 받는 사람의 복에 대하여 다윗이 말한 바 불법이 사함을 받고 죄가 가리어짐을 받는 사람들은 복이 있고 주께서 그 죄를 인정하지 아니하실 사람은 복이 있도다 함과 같으니라 그런즉 이 복이 할례자에게냐 혹은 무할례자에게도냐 무릇 우리가 말하기를 아브라함에게는 그 믿음이 의로 여겨졌다 하노라"^{롬 4:6-9}라고 기록한다. 행위가 아닌 은혜로 의롭다 하심을 얻는 사람들이 복을 받은 것이고, 그것은 불법을 용서받고, 허물이 덮어진 상태임을 언급한다. 우리의 믿음이 죄의 용서함을 받고, 하나님 앞에 의롭다 여김을 받는 복을 누리게 한다.

일상생활에서 행복을 경험하기

욥기에 보면 생명의 유한성 때문에 잠시 행복을 누리다가^{21:13}, 다시는 행복을 보지 못할 것이며^{7:7}, 남김없이 다 먹었기 때문에 행복이 오래가지 못할 것^{20:21}이라 말한다. 행복이 자신들의 손에 있지 않다^{21:16}는 한계를 보며 슬퍼하고, 때로는 마음의 고통을 갖고 결국은 죽기 때문에 진정한 행복을 맛보지 못한다^{21:25}. 즉 인간의 유한성과 죽음, 통제 능력의 부재, 그리고 풍요치 않은 자원과 자산 때문에 행복을 누릴 수 없다고 강조한다. 또한 전도서 기자는 자신의 행복을 희생하며 자녀도 없이 열심히 수고하고, 가진 부요를 족하게 여기지 않으며 다른 사람을 위하여 수고하는 것이 헛되고 불행하다고 말한다전 4:8. 또한 많은 자녀를 갖고 장수하더라도 그의 영혼은 그러한 행복으로 만족하지 못할 수 있고전 6:3. 심지어 천년의 갑절을 살아도 행복을 보지 못할 수 있다전 6:6고 말한다. 그런 우리는 이러한 유한적인 존재임에도 불구하고 어떻게 행복을 느끼며 누리며 살 수 있을까?

그리스도인에게 행복은 '하나님께서 우리에게 허락하신 좋은 시간과 즐거움, 평안함을 느끼는 마음의 상태'로 정의하였다. 사도 바울은 감옥에서도 '항상 기뻐하라'라고 권면하고살전 5:16, 가진 것이 없는 상태에서도 "어떠한 형편에든지 나는 자족하기를 배웠다"빌 4:11 라고 말한다. 바울 사도는 경건의 훈련과 행복을 언급하면서 "그러나 자족하는 마음이 있으면 경건은 큰 이익이 되느니라"딤전 6:6 라고 말한다. 즉 스스로 만족하는 행복감이 있어야 경건도 유익이 된다는 것이다. 그렇다면 무엇이 그로 하여금 만족한 상태, 행복감을 느끼도록 하였을까?

첫째로 하나님의 구원을 받은 사람이 진정한 행복자이다. 신명기 기자는 "이스라엘이여 너는 행복한 사람이로다 여호와의 구원을 너 같이 얻은 백성이 누구냐 그는 너를 돕는 방패시오"신 33:29상 라고 선언한다. 하나님의 구원을 받은 이스라엘 백성이야말로 진정한 행복자이다. 왜냐하면 하나님은 그들을 돕는 방패시며 보호해 주시는 분이기 때문이다. 행복은 하나님의 구원 안에 들어와 있을 때 가능하다.

둘째로 행복은 선택이다. 하나님께서는 이스라엘 백성들에게

"내가 오늘 복과 저주를 너희 앞에 두나니"^{신 11:26}라고 말씀한다. 매일 일상의 삶에서 복이냐 저주냐를 선택할 수 있다. "너희가 만일 내가 오늘 너희에게 명하는 너희의 하나님 여호와의 명령을 들으면 복이 될 것이요"^{신 11:27}, 즉 하나님의 말씀을 선택할 때 복이 된다는 뜻이다. 하나님의 말씀을 지킬 때에 행복함을 누릴 수 있다. 신명기 기자는 "내가 오늘 네 행복을 위하여 네게 명하는 여호와의 명령과 규례를 지킬 것이 아니냐"^{신 10:13}라고 질문한다. 구원은 은혜로 주어지지만 그 선행 조건으로 믿음을 언급한 경우가 신약 성경에 115회나 된다. 즉 믿음의 선택이 있어야 한다. 예수님께서도 "오히려 하나님의 말씀을 듣고 지키는 자가 복이 있느니라"^{눅 11:28}라고 말씀한다.

행복감은 주관적 경험이요 마음의 상태일지라도 일상생활에서 행복하기로 선택하는 믿음의 실천이 따라야 한다. 따라서 사도 베드로는 "악을 악으로, 욕을 욕으로 갚지 말고 도리어 복을 빌라 이를 위하여 너희가 부르심을 받았으니 이는 복을 이어받게 하려 하심이라"^{벧전 3:9}라고 말한다. 우리는 악을 갚는 것이 아니라 도리어 복을 빌어 줄 수 있다. 아브라함을 통해 이방에게 복을 주셨듯이^{창 12:3}, 우리로 말미암아 이웃과 가족이 행복을 누릴 수 있도록 부르셨음을 기억해야 한다. 그러므로 하나님은 아브라함에게 "내가 반드시 너에게 복 주고 복 주며 너를 번성하게 하고 번성하게 하리라"^{히 6:14}라고 하셨다.

셋째로 행복은 받아야 하지만 베풀 때 행복감을 느낀다. 얼마나 많이 가졌느냐보다 갖고 있는 것을 어떻게 누리느냐가 행복을 결정한다. 그러므로 "정함이 없는 재물에 소망을 두지 말고 오직 우리에게 모든 것을 후히 주사 누리게 하시는 하나님"딤전 6:17께 소망을 둘 때 행복감을 누릴 수 있다. 나아가 그것을 혼자 누리는 것이 아니라 나눌 때 행복감은 배가된다. 즉 "수고하여 약한 사람들을 돕고 또 주 예수께서 친히 말씀하신 바 주는 것이 받는 것보다 복이 있다 하심을 기억하여야"행 20:35 한다.

넷째로 자주 행복을 선포해야 한다. 왜냐하면 행복은 외부로부터 오는 것이라기보다는 내부로부터 나오는 것이기 때문이다. 따라서 어떤 환경에서도 "내가 허락해야만 불행해질 수 있다"라고 선언해야 한다. 시험을 받을 때 그것을 참는 것도 복약 1:12이며, 욥처럼 인내하는 자가 복되며약 5:11, 의를 위하여 고난을 받으면 복 있는 사람벧전 3:14임을 믿음으로 외쳐야 한다. 이것은 가난한 마음과 상관이 있다. 남과 비교할 때 불평이 늘어나고, 남을 부러워할 때 불행해진다. 가진 것에 만족하고 말로 행복을 선언할 때 오히려 그것을 통해 행복이 찾아온다.

다섯째, 자주 웃어야 행복해진다. 웃을 일이 없기 때문에 웃지 않고, 웃지 않으니 더 웃을 일이 없어진다. 미소 짓기는 만족감을 높이고 행복감을 더 느끼게 한다. 웃기 위해서는 사람들과 함께해야 하며, 함께 할 때 행복해 진다. 그러므로 전도서 기자는 홀로 있으며 열심히 일해도 불행한 노고가 있음을 지적하면서전 4:8, "두 사람이 한 사람보다 나음은 그들이 수고함으로 좋은 상을 얻을 것"전 4:9이라 말한다. 좋은 상, 즉 행복은 함께 할 친구와 가족이 있어야 하며, 홀로 있어 도움을 받을 수 없는 것이 불행이요 화이다전 4:10. 함께 하며 웃음을 나누는 관계가 있을 때 행복감은 증가한다.

마지막으로 작은 것에 감사를 표현해야 행복해진다. 왜냐하면 감사를 표현할수록 행복지수가 높아지기 때문이다. 작은 것부터 감사할 때 행복감은 늘어간다. 감사 찾기와 행복감은 정비례한다. 그러므로 '행복은 감사의 문으로 들어와 불평의 문으로 나간다'라는 말이 있다. 부정적 정보를 주는 사람이나 매체와는 거리를 두고, 감사할 거리, 즉 자신의 긍정성에 초점을 맞추다 보면 그 행복감은 점점 커져갈 것이다.

나가는 말

그리스도인의 행복은 '하나님께서 우리에게 허락하신 좋은 시간'이라는 인식과 그에 따른 '즐거움, 평안함을 느끼는 주관적 마음의 상태'이다. 신명기 기자는 이스라엘 백성을 향하여 "너는 행복한 사람이로다" 신 33:29 라고 말한다. 좋은 시간, 즐거움, 평안함을 누릴 수 있는, 행복자로서 사는 것은 하나님과의 관계에서만 가능하다. 그렇기에 행복도 경건 훈련과 분리할 수가 없다. 경건 훈련은 "하나님 닮은 성품이 자신의 삶에 미치는 선한 영향력을 확장해가는 훈련"이다. 하나님 닮은 좋은 성품들은 환경과 상관없이 행복한 마음의 상태를 유지하도록 이끈다. 왜냐하면 하나님 닮은 좋은 성품은 작은 것에서부터 시작하여 언어, 미소, 웃음, 감사, 대인관계, 가난한 마음으로 우리 삶의 전 영역으로 행복의 선한 영향력을 확장해 나가기 때문이다.

B. 고통

    고통에 대한 최초의 언급은 범죄한 하와에게 하신 하나님의 말씀에서 찾을 수 있다. "내가 네게 임신하는 고통을 크게 더하리니 네가 수고하고 자식을 낳을 것이며 너는 남편을 원하고 남편은 너를 다스릴 것이니라"^{창 3:16}. 즉 고통은 죄로부터 기인한 것이며 생명을 얻기 위해서 고통은 필수적인 것이다. 동시에 멸시받던 하갈에게 주시는 말씀은 "네가 임신하였은즉 아들을 낳으리니 그 이름을 이스마엘이라 하라 이는 여호와께서 네 고통을 들으셨음이니라 "^{창 16:11} 이다. 하나님께서는 고통을 허락하실 때가 있고, 또한 고통받는 사람들의 울부짖음을 들으시고 생명을 얻으므로 고통을 이기도록 도우실 때가 있다. 그러므로 전도서 기자는 "범사에 기한이 있고 천하만사가 다 때"^{전 3:1} 가 있다고 선언한다.

    고통의 사전적 의미는 "몸이나 마음의 괴로움과 아픔"이다. 즉 고통은 몸의 통증과 마음의 아픔을 포함한다. 괴로운 환경이나 몸의 병으로 인해 통증이 찾아올 때 우리는 어떻게 하든지 빨리 그 고통에서 벗어나려고 애를 쓴다. 사도 바울은 디모데에게 "너는 이것을 알라 말세에 고통하는 때가 이르러"딤후 3:1라고 말씀한다. 과연 피할 수 없는 고통이 하나님 닮아가는 훈련이 될 수 있을까? 또한 고통이 우리의 삶에 미치는 선한 영향력을 확장해 가도록 도울 수 있을까?

삼위일체 하나님의 고통

1) 성부 하나님과 고통

애굽에서 종살이하며 학대받던 이스라엘의 울부짖음을 하나님께서는 들으셨다. "하나님이 그들의 고통 소리를 들으시고 하나님이 아브라함과 이삭과 야곱에게 세운 그의 언약을 기억하사 하나님이 이스라엘 자손을 돌보셨고 하나님이 그들을 기억하셨더라"출 2:24-25. 하나님은 이스라엘의 고통을 들으시고 구원하시는 하나님이시다출 3:17.

베드로 사도는 오순절에 이스라엘 사람들이 법 없는 사람들의 손을 빌려 예수를 못 박아 죽였지만 "하나님께서 그를 사망의 고통에서 풀어 살리셨으니 이는 그가 사망에 매여 있을 수 없었음이라"행 2:24라고 담대히 선포한다. 하나님은 사망의 고통에서 다시 살아나게 하시는 하나님이시다. 그러므로 시편 기자는 환난 중에 하나님께 부르짖을 때 그들의 고통에서 구원하시는 하나님이심을 고백한다시 107:13.

동시에 성부 하나님은 죄로 인해 고통에 머물도록 허용하신다. 예레미야 선지자는 "네 악이 너를 징계하겠고 네 반역이 너를 책망할 것이라 그런즉 네 하나님 여호와를 버림과 네 속에 나를 경외함이 없는 것이 악이요 고통인 줄 알라 주 만군의 여호와의 말씀이니라"렘 2:19 라고 경고한다. 하나님을 두려워하지 않는 것이 악이며 고통임을 천명한 것이다. 죄로 인해 하나님과 분리된 인간은 고통의 삶을 살 수밖에 없다.

2) 성자 예수님과 고통

예수님께서는 십자가의 고난과 고통을 받으시고 죽임을 당하셨다. 그의 고통은 채찍질을 당하고, 십자가에 못 박히시는 신체적 고통뿐 아니라 제자들로부터 버림받고 하나님과 분리되는 아픔을 겪으셨다. 예수님은 십자가상에서 "엘리 엘리 라마 사박다니 하시니 이는 곧 나의 하나님, 나의 하나님, 어찌하여 나를 버리셨나이까"마 27:46 라고 고통 가운데 크게 소리치셨다. 인류의 죄를 지고 죄 없으신 성자 하나님이 성부 하나님과 분리되는 순간이다. 그러나 예수님은 인간을 구원하시는, 그 앞에 있는 기쁨을 위하여 십자가를 참으셨다히 12:2.

그 예수님은 몸소 고통을 당하시고, 친히 하나님과 분리되는 아픔을 겪으셨다. 히브리서 기자는 "그는 육체에 계실 때에 자기를 죽음에서 능히 구원하실 이에게 심한 통곡과 눈물로 간구와 소원을 올렸고 그의 경건하심으로 말미암아 들으심을 얻었느니라 그가 아들이시면서도 받으신 고난으로 순종함을 배워서 온전하게 되셨은즉 자기에게 순종하는 모든 자에게 영원한 구원의 근원이 되시고"히 5:7-9 라고 기록한다. 예수님은 이 땅에서 통곡과 눈물의 고통의 연속이었지만 받으신 고난으로 순종함을 배워서 결국은 구원의 근원이 되셨다.

그러므로 예수님은 고통당하는 자들을 결코 잊지 않으시며, 고통 속에 그 앞에 나아온 자들을 고치셨다마 4:24; 눅 7:21

3) 성령 하나님과 고통

바울 사도는 "나의 형제 곧 골육의 친척을 위하여 내 자신이 저주를 받아 그리스도에게서 끊어질지라도 원하는 바"롬 9:3 라고 주장한다. 그는 자기 민족의 구원을 생각할 때 마음에 안타까움과 고통이 있었다. 그러므로 바울은 "나에게 큰 근심이 있는 것과 마음에 그치지 않는 고통이 있는 것을 내 양심이 성령 안에서 나와 더불어 증언"롬 9:1 한다고 말한다. 동족 구원에 대한 마음의 근심과 고통을 성령께서 알고 계시며, 함께 아파하신다는 뜻이다. 우리는 성령 하나님을 근심케 할 수 있고엡 4:30, 성령님께서는 연약함으로 고통받는 우리를 위하여 "말할 수 없는 탄식"롬 8:26 으로 우리를 간구 하신다. 성령 하나님은 때로 아파하시고, 근심하시고, 탄식하시는 인격적인 하나님이시다.

동시에 성령님은 범죄와 불의함으로 고통 가운데 하나님의 유업을 받지 못할 자라도 "하나님의 성령 안에서 씻음과 거룩함과 의롭다 하심"고전 6:11 을 받게 하시는 회복의 하나님이시다. 또한 성령 하나님은 많은 환난과 고통 가운데서 "성령의 기쁨으로 말씀을 받아 우리와 주를 본받은 자가"^{살전 1:6}가 되게 하신다.

성경 속의 고통 이야기

성경 인물 중에 욥은 고통의 대명사이다. 욥기에는 고통이라는 단어가 9번 등장하고, "그칠 줄 모르는 고통"^{욥 6:10}, "마음이 뼈를 깎는 고통"^{욥 7:15}, "병상의 고통"^{욥 33:19} 등 다양한 고통을 표현한다. 그는 하루아침에 재물과 자녀를 잃었고, 발바닥부터 정수리까지 종기로 고통을 당한다. 예수님께서 사탄의 시험을 받았듯이^{마 4:1-11}, 욥은 사탄의 시험으로부터 시작된 견딜 수 없는 고통과 아픔 가운데 하나님과의 관계에서 어떻게 해야 할지를 선택해야 하는 기로에 선다. 자녀와 재산을 잃었을 때 욥은 "내가 모태에서 알몸으로 나왔사온즉 또한 알몸이 그리로 돌아가올지라 주신 이도 여호와시요 거두신 이도 여호와시오니 여호와의 이름이 찬송을 받으실지니이다"^{욥 1:21}라고 놀라운 고백을 한다. 또한 그는 이 모든 일에 범죄하지 아니하고 하나님을 향하여 원망하지 아니하였다^{욥 1:22}. 그러나 그의 온몸에 난 종기로 고통을 받을 때 욥은 그의 생일을 저주하고^{욥 3:1}, 자신에게는 평온도 없고 안일도 없고 다만 불안만이 있다고 한탄한다^{욥 3:26}. 훗날 욥은 고통 가운데 하나님을 만나고 회개한다. "내가 주께 대하여 귀로 듣기만 하였사오나 이제는 눈으로 주를 뵈옵나이다 그러므로 내가 스스로 거두어들이고 티끌과 재 가운데에서 회개하나이다"욥 42:5-6. 때로는 욥처럼 원인을 알 수 없는 고난과 고통을 당할 때가 있다. 문제는 고통 중에도 죄짓지 않기 위해 하나님을 신뢰하여야 한다는 것이다.

사울 왕은 전쟁 중에 부상을 당해 고통 가운데 도망을 가고 있었다. 그는 지나가던 아말렉 청년에게 "내 목숨이 아직 내게 완전히 있으므로 내가 고통 중에 있나니 청하건대 너는 내 곁에 서서 나를 죽이라"삼하 1:9라고 부탁을 한다. 사울 왕은 비록 자결하지는 않았지만 고통과 낙망함 가운데 이방 청년에게 죽음을 부탁하는 비참한 상태에 이른다. 때로는 사울처럼 고통이 심하여서 생명을 포기하고 싶은 유혹을 받을 수 있다.

반면 다윗도 고통 중에 있었다. 다윗 왕이 인구 조사를 통해 하나님 앞에 범죄하였을 때 하나님께서는 갓 선지자를 보내서 그에게 임할 세 가지 벌 중에 하나를 선택하라고 말씀하신다. 이에 다윗 왕은 갓에게 "내가 고통 중에 있도다 청하건대 여호와께서는 긍휼이 크시니 우리가 여호와의 손에 빠지고 내가 사람의 손에 빠지지 아니하기를 원하노라"삼하 24:14라고 말한다. 그는 고통 중에 사람보다는 하나님께서 직접 개입하시는 징계를 받는 것을 선택하였는데 그것은 하나님의 긍휼을 신뢰하였기 때문이다.

사무엘의 어머니 한나는 자녀가 없어서 괴로워하였다삼상 1:10. 한나는 "만군의 여호와여 만일 주의 여종의 고통을 돌보시고 나를 기억하사 주의 여종을 잊지 아니하시고 주의 여종에게 아들을 주시면 내가 그의 평생에 그를 여호와께 드리고 삭도를 그의 머리에 대지 아니하겠나이다"^{삼상 1:11}라고 서원을 한다. 하나님께서는 한나의 고통을 들으시고 민족을 이끄는 제사장이 될 사무엘을 임신하게 하신다. 하나님은 자기 백성의 고통을 돌보시고 약속을 잊지 아니하시는 하나님이시다.

일상생활에서 고통과 함께하기

필자가 좋아하는 성경 구절 중 하나는 전도서 7장 14절이다. "형통한 날에는 기뻐하고 곤고한 날에는 되돌아 보아라 이 두 가지를 하나님이 병행하게 하사 사람이 그의 장래 일을 능히 헤아려 알지 못하게 하셨느니라." 살다 보면 곤고한 날, 고통스러운 순간을 맞게 된다. 어떻게 고통과 더불어 살아갈 수 있을까? 그것은 고통의 유익을 발견하고 고통에 뜻이 있음을 헤아려 보고 생각하는 것으로부터 시작된다.

고통은 괴롭고 피하고 싶은 것이지만 동시에 우리에게 주는 유익이 있다. 고통은 마음을 겸손하게 만든다^{시 107:12}. 또한 고통 때문에 하나님께 부르짖게 하시고, 하나님께서는 우리를 고통에서 건지시고 인도하시며^{시 107:6, 28}, 응답하신다^{시 118:5}. 따라서 고통 가운데 있을 때 고통의 유익이 있음을 기억하고 하나님께 겸손하게 기도로 나아가야 한다. 성경은 "욥이 그의 친구들을 위하여 기도할 때 여호와께서 욥의 곤경을 돌이키시고 여호와께서 욥에게 이전 모든 소유보다 갑절이나 주신지라"^{욥 42:10}라고 기록한다. 욥은 자신을 공격하고 위로가 되지 못했던 친구들을 위한 중보 기도를 시작하므로 곤경에서 벗어나 하나님의 새로운 복을 받게 된다. 따라서 고통이 우리에게 주는 유익과 목적이 있다.

옥한흠 목사는 "고통에 뜻이 있다"라는 그의 책에서 "고통은 변장 된 축복"이라고 말한다. C. S. 루이스 Clive Staples Lewis 는 "고통은 귀먹은 세상을 불러 깨우는 하나님의 메가폰이다"라고 말한다. 즉 고통이란 하나님께서 우리를 깨워서 하나님께만 주목하도록 만든다. 비록 고통과 징계가 당시에는 즐거워 보이지 않고 슬퍼 보이지만 후에 그로 말미암아 연단 받은 자들은 의와 평강의 열매를 맺게 된다히 12:11. 선지자 이사야는 "보옵소서 내게 큰 고통을 더하신 것은 내게 평안을 주려 하심이라 주께서 내 영혼을 사랑하사 멸망의 구덩이에서 건지셨고 내 모든 죄를 주의 등 뒤에 던지셨나이다"사 38:17라고 고백한다. 고통은 결국 자신에게 평안을 주시려는 하나님의 뜻이 있음이며, 멸망에서 건지시는 하나님의 사랑이라고 선포한다. 하나님의 사람은 이해할 수 없을 때 조차도 고통에 뜻이 있고 목적이 있고 유익이 있다고 믿는 사람이다. 또한 다시는 사망이 없고 애통하는 것이나 곡하는 것이나 아픈 것이 있지 아니하는계 21:4 천국을 소망으로 바라보는 사람이다.

또한 하나님의 뜻대로 예수 그리스도를 닮아가는 사람에게는 시련과 핍박과 고난이 따른다벧전 4:19. 의를 위하여 고난을 받을 수 있고벧전 3:14, 선을 행하다가 고난을 당할 수도 있다벧전 3:17. 따라서 오히려 고난 가운데 기뻐하며 "그리스도의 고난에 참여하는 것으로 즐거워하라"벧전 4:13라고 명령한다.

고통과 함께 살아가기

첫째는 고통 중에 회개해야 할 죄가 없는지 살펴보아야 한다. 왜냐하면 죄로 인해 고통이 오고 그것은 회개하기 전까지는 고통에서 벗어날 수가 없다. 하나님께서는 "너는 어찌하여 네 상처 때문에 부르짖느냐 네 고통이 심하도다 네 악행이 많고 네 죄가 허다하므로 내가 이 일을 너에게 행하였느니라"_{렘 30:15}라고 말씀하신다.

둘째는 고통 속에서도 하나님의 말씀에 순종하기로 결단해야 한다. 욥은 그칠 줄 모르는 고통 가운데도 오히려 위로를 받고 기뻐할 수 있었던 것은 거룩하신 하나님의 말씀을 거역하지 않았기 때문이라고 고백한다. "그러할지라도 내가 오히려 위로를 받고 그칠 줄 모르는 고통 가운데서도 기뻐하는 것은 내가 거룩하신 이의 말씀을 거역하지 아니하였음이라"_{욥 6:10}. 하나님의 말씀에 순종함으로 위로를 받고 기뻐할 수 있는 힘을 얻을 수 있다.

셋째는 고통 가운데 기도하여야 한다. 야고보 기자는 "너희 중에 고난 당하는 자가 있느냐 그는 기도할 것이요"_{약 5:13}라고 권면한다. 고난과 고통 가운데 기도해야 한다. 때로는 억울하게 고통을 당하고 부당하게 고난을 받을 수 있다. 이때에 우리는 하나님을 생각함으로 슬픔을 참으면 이는 아름다운 것이다_{벧전 2:19}. 하나님을 생각하는 것은 하나님께 집중하며 기도하는 것이다.

넷째는 교회 공동체와 함께하여야 한다. 성경은 "만일 한 지체가 고통을 받으면 모든 지체가 함께 고통을 받고 한 지체가 영광을 얻으면 모든 지체가 함께 즐거워하느니라"고전 12:26 라고 말씀한다. 지체들이 모여 한 몸을 이루는 교회 공동체와 함께 함으로 고통을 이겨나갈 수 있다.

다섯째는 고통 가운데 예수님을 묵상하며 예수님의 본을 따라야 한다. 예수님은 시험을 받아 고난을 당하셨으므로 시험과 고통 가운데 있는 우리를 능히 도우실 수 있는 분이시다히 2:18, 4:15-16. 그리스도께서 우리를 위하여 고난을 받으신 것은 우리에게 본을 끼쳐 그 자취를 따로오게 하심이다벧전 2:21. 그러므로 믿음의 주요 또 온전하게 하시는 이인 예수를 바라보아야 한다. 왜냐하면 그는 그 앞에 있는 기쁨을 위하여 십자가를 참으사 부끄러움을 개의치 아니하셨고, 우리는 죄인들이 자기에게 거역한 일을 참으신 예수님을 생각할 때에 고통 중에 피곤하여 낙심하지 않을 수 있기 때문이다히 12:2-3.

마지막으로 누구나 고통은 피하고 싶은 경험이며 고통의 양은 누구에게나 동일하다고 생각하는 것이다. 미래학자 엘빈 토플러Alvin Toffler는 "고통 총량의 법칙"을 주장한다. 인생에서 겪는 고통의 총량은 사람마다 동일하다는 것이다. 따라서 고통을 받을 때 누구나 동일하게 고통을 받는데 나는 남보다 먼저 고통을 받는다고 생각하는 것이다. 지금 먼저 고통을 받으면 훗날의 고통은 적어질 것이라고 스스로에게 들려준다. 성경은 "여자가 해산하게 되면 그 때가 이르렀으므로 근심하나 아기를 낳으면 세상에 사람 난 기쁨으로 말미암아 그 고통을 다시 기억하지 아니하느니라"요 16:21. 생명의 기쁨이 해산의 고통을 다시 기억하지 않게 하듯이, 훗 날의 영광의 부활은 오늘의 환난이나 고통과 비교할 수 없다. 그러므로 "현재의 고난은 장차 우리에게 나타날 영광과 비교할 수 없도다"롬 8:18.

날숨체경

날마다 숨 쉬는 순간마다 체질화된 경건

II 부

—

날마다 숨쉬는 순간마다
깊어지는 영성

1장. 꿈 미래와 기억 과거

2장. 자존감과 열등감

3장. 용서와 분노

4장. 사랑과 미움

5장. 함께 있음과 홀로 있음

1장

—

꿈 미래와 기억 과거

A. 꿈의 사람

생일을 맞고 새해를 맞으면서 우리는 새로운 것을 꿈꾼다. 단지 나이를 한 살 더 먹고, 달력이 바뀌는 것이지만 우리는 의미를 두고 새로운 각오로 새롭게 무엇인가를 시작하고자 한다. 사실 성경은 그리스도 안에 있으면 누구든지 새로운 피조물고후 5:17이요, 그 구원은 날마다 새롭다고 선언한다. 그렇기에 시편 기자는 "여호와께 노래하여 그의 이름을 송축하며 그의 구원을 날마다 전파할지어다"시 96:2라고 찬양한다. 구원받은 성도는 날마다 구원을 전파하며, 날마다 하나님의 이름을 노래해야 한다. 그렇기에 우리는 새날을 맞으면서 새로운 꿈을 꾸며 새로운 계획을 세운다. 우리는 이 땅과 현실에 안주할 수 없는, 거룩한 하나님의 성품에 참여하도록 부르심을 받은 꿈의 사람이기 때문이다.

필자는 경건 훈련을 "하나님 닮은 성품이 자신의 삶에 미치는 선한 영향력을 확장해 가는 훈련"으로 정의한다. 하나님 닮은 좋은 성품들이 아무리 많더라도, 그것을 펼치기를 소망하는 열망과 꿈을 꾸지 않는다면 아무 소용이 없을 것이다. 또한, 지금보다 더 나아지고자 하는 미래에 대한 기대와 희망과 꿈이 없다면 하나님의 사람이라 할 수 없을 것이다. 그렇다면 어떻게 꿈의 사람으로 한 해를 살 수 있을까?

꿈/미래의 삼위 하나님

성부 하나님은 과거의 하나님이실 뿐 아니라 미래의 하나님이시다. 그 하나님은 우리에게 기대와 계획을 갖고 계신 꿈의 하나님이시다. 노아에게 무지개를 보여주시고 다시는 물로 심판하지 않으실 것을 약속하시는 미래 지향적 하나님이시다. 왜냐하면, 영원한 언약으로서의 무지개는 하나님의 미래에 대한 약속이며, 하나님의 꿈과 계획을 알려주시는 증거이기 때문이다창 9:11-17. 성부 하나님께서는 자녀 하나 없는 75세의 아브라함을 부르셔서 "내가 너로 큰 민족을 이루고 네게 복을 주어 네 이름을 창대하게 하리니 너는 복이 될지라"창 12:2라고 미래의 계획과 꿈을 말씀하신다. 하나님께서는 이사야를 통하여 그 백성들을 구원하시는 임마누엘로서 성자 예수님께서 오실 것을 이미 예언하시고 말씀하신 하나님이시다. "그러므로 주께서 친히 징조를 너희에게 주실 것이라 보라 처녀가 잉태하여 아들을 낳을 것이요 그의 이름을 임마누엘이라 하리라"사 7:14.

성자 예수님께서는 제자 베드로가 자신을 앞으로 배반할 것을 이미 아셨고 그가 회개함으로 회복되어 형제들을 구원하는 일에 쓰일 것을 이미 선언하셨다^{눅 22:31-34}. 성자 예수님은 과거의 역사 속에 머무르시는 분이 아니라 미래에 일어날 일의 중심에 계시는 다시 오실 예수님이시다. 그 예수님은 우리 속에 착한 일을 시작하시게 하시고 다시 오실 그날까지 이루어 가게 하신다^{빌 1:6}. 또한 예수님께서는, 자신의 신실하심 때문에 약속하신 것을 반드시 이루시는 꿈의 예수님이시다. 그 예수님은 "주는 그리스도시요 살아 계신 하나님의 아들"^{마 16:16}이라는 베드로의 고백 위에 예수님의 성품을 닮은, 예수님께만 속한 예수님의 교회, 즉 "이 반석 위에 내 교회를 세우리니"^{I will build my church, 마 16:18}라고 말씀하시고 그 펼쳐질 일들을 보시며 놀랍게 선포하셨다. 예수님은 이 땅에 다시 오심으로 구원을 완성하시는 미래의 예수님이시며, 그 일의 중심이다. 그 예수님께서는 하나님의 사람을 불러서 세우시고 미래에 하나님의 뜻과 계획을 성취하시는 꿈의 예수님이시다. 사울을 불러서 바울을 만드시고 "주께서 이르시되 가라 이 사람은 내 이름을 이방인과 임금들과 이스라엘 자손들에게 전하기 위하여 택한 나의 그릇이라"^{행 9:15}라고 말씀하시는 예수님이시다. 부활하신 예수님께서 다메섹 도상에서 바울을 만나시고 부르심은 그가 미래에 감당할 사명이 있었기 때문이다.

성령 하나님께서는 제자들에게 임하셔서 예수님의 교회의 꿈을 성취하셨다^{행 2장}. 또한 예수님께서 "오직 성령이 너희에게 임하시면 너희가 권능을 받고 예루살렘과 온 유대와 사마리아와 땅 끝까지 이르러 내 증인이 되리라"^{행 1:8}라고 말씀하신 대로 복음의 확장을 펼쳐가시는 성령님이시다. 그 성령님은 불의하고 불공평한 세상 가운데도 미래의 소망으로 살아갈 수 있게 하신다. 그렇기에 사도 바울은 로마 교인들을 향하여 "성령의 능력으로 소망이 넘치게 하시기를 원하노라"롬 15:13라고 기도한다. 현실을 넘어 꿈을 이루게 하시는 소망의 성령님이시요 꿈의 성령님이시다. 따라서 하나님께서 부어주시는 성령의 사람은 예언하고, 환상을 보고 꿈을 꿀 것이라고 성경은 말씀한다. 선지자 요엘의 말을 인용욜 2:28-29하여 사도 베드로는 "말세에 내가 내 영을 모든 육체에 부어 주리니 너희의 자녀들은 예언할 것이요 너희의 젊은이들은 환상을 보고 너희의 늙은이들은 꿈을 꾸리라. 그 때에 내가 내 영을 내 남종과 여종들에게 부어 주리니 그들이 예언할 것이요"행 2:17-18라고 하였다. 성령님께서는 오늘도 하나님의 사람들로 하여금 하나님의 뜻이 펼쳐지는 환상을 보고, 하나님께서 행하실 일에 대한 경이로운 꿈을 주시고, 하나님의 일이 어떻게 성취될지를 말하도록 하신다.

이처럼 하나님은 우리에게 꿈을 꾸게 하시며 하나님을 향한 거룩한 소망을 갖게 하시는 삼위 하나님이시다. 또한 하나님은 꿈을 통해 삶의 경고를 주시기도, 계획을 알려 주시기도, 새로운 일들에 대한 비전vision을 품게 하시기도 하신다. 그러므로 우리는 꿈을 꾸게 하시는 하나님을 묵상하고 공동체에 주시는 꿈, 가족에게 주시는 꿈, 내게만 주시는 꿈은 무엇인지 물으며 살아가야 할 것이다.

성경 속의 꿈 이야기

1) 꿈을 통해 경고하시는 하나님

성경에는 꿈과 관련된 많은 일화들이 기록되어 있다. 아브라함은 그랄 땅에 거류할 때 아내 사라를 누이라고 속였다. 사람들이 아내로 말미암아 자신을 죽일지 모른다고 두려워했기 때문이다. 그랄 왕 아비멜렉은 사라를 데려갔으나 하나님께서 현몽하시고 꿈을 통해 들려주신 음성을 듣고 아브라함의 아내 사라를 범하지 않았다창 20:1-11. 하나님은 하나님의 사람이 실수하고 두려워할 때 그를 보호하기 위해서 다른 사람에게 꿈을 통해 말씀하시고 하나님께서 경고하신다.

빌라도의 아내는 남편이 예수님의 재판정에 앉았을 때 사람을 보내어 "저 옳은 사람에게 아무 상관도 하지 마옵소서 오늘 꿈에 내가 그 사람으로 인하여 애를 많이 태웠나이다"마 27:19라고 부탁했다. 그러나 빌라도는 아내의 꿈을 무시했고, 이후 사도신경에 그의 이름이 "빌라도에게 고난을 받으사 십자가에 못박혀 죽으시고"라고 오르내리는 부끄러움을 당했다.

2) 꿈을 통해 할 일을 가르쳐 주시는 하나님

하나님께서는 때로 꿈을 통해 하나님의 사람들에게 해야 할 일과 가야 할 방향을 직접적으로 알려주시기도 하신다. 애굽 왕 바로는 그가 꾼 꿈으로 번민하고 근심할 때 꿈을 해몽했던 요셉의 이야기를 듣고 그를 부른다. 요셉은 왕의 꿈을 해석해 주면서 "하나님이 그가 하실 일을 바로에게 보이신다"^{창 41:28}라고 말한다. 하나님께서는 때로 꿈을 겹쳐 꾸게 하셔서 알려주시는 바를 확실하게 하신다. "바로께서 꿈을 두 번 겹쳐 꾸신 것은 하나님이 이 일을 정하셨음이라"^{창 41:32}. 하나님께서는 그가 하실 일을, 꿈을 통해 알려주시고 가르쳐 주신다.

별을 보고 예수님께서 탄생한 베들레헴을 찾아왔던 동방 박사들은 꿈에 헤롯에게 돌아가지 말라 지시하심을 받아 다른 길로 고국으로 돌아갔다^{마 2:12}. 동시에 하나님께서는 동방박사들이 떠난 후에 요셉에게 현몽하여 애굽으로 피하라고 말씀하셨다^{마 2:13}. 요셉은 하나님의 말씀대로 애굽으로 떠났고 이 일을 통해 "애굽으로부터 내 아들을 불렀다 함"^{마 2:15}을 이루었다. 또한 꿈에 하나님의 지시하심을 받아 갈릴리 지방으로 떠나므로, "나사렛 사람"이라 칭하리라 하신 하나님의 말씀을 이루게 된다^{마 2:21-23}.

3) 꿈을 통해 축복하시며 약속해 주시는 하나님

아버지를 속이고 형을 속여 장자권을 훔쳤던 야곱은 하란으로 향하여 가던 중 길에서 노숙하게 된다. 한 돌을 가져다가 베개로 삼고 잠이 들었던 야곱은 사닥다리의 꿈을 꾼다. 그는 꿈 가운데 복 주시고 지키시고 함께하시며 이끌어 다시 돌아오게 하시는 하나님을 만난다^{창 28:13-22}. 하나님께서는 외로운 길을 가던 야곱을 찾으시사 그에게 말씀하시며, 꿈을 통해 약속을 하시고, 자신이 과거 조부의 하나님일 뿐 아니라 현재와 미래 가운데 역사하시는 하나님이심을 알려 주셨다.

4) 꿈을 통해 함께하심을 증명하시는 하나님

하나님께서는 요셉에게 꿈을 꾸게 하신다. 요셉은 그의 꿈과 그의 말로 말미암아 형제들로부터 더욱 미움을 받는다^{창 37:5}. 그런데도 요셉은 다시 꿈을 꾸고 형들에게 "내가 또 꿈을 꾼즉 해와 달과 열한 별이 내게 절하더이다"^{창 37:9}라고 말한다. 요셉은 이 일로 인해 노예로 애굽에 팔려 간다. 그곳에서 억울한 누명을 쓰고 감옥에 갇히기도, 꿈을 해석해 주기도 한다. 그는 결국 바로가 근심하는 꿈이 무엇인지 해석함으로써 총리직에 오른다. 바로가 요셉에게 "너는 꿈을 들으면 능히 푼다"라는 말을 들었다고 할 때 요셉은 "내가 아니라 하나님께서 바로에게 편안한 대답을 하시리이다"^{창 41:15-16}라고 말한다. 하나님께서 함께하시기 때문에 요셉은 꿈을 꾸고 해석한다고 바로 앞에서 당당히 말한다. 결국 그가 꿈을 해석하고 알려주었을 때 바로는 요셉을 "하나님의 영에 감동된 사람"^{창 41:38}이라 부른다. 나아가 하나님이 이 모든 것을 요셉에게 보이셨고, 요셉처럼 명철하고 지혜 있는 자가 없기에 이제 내 집을 다스리라고 말한다^{창 41:39-40}. 하나님은 요셉에게 꿈을 꾸게 하시고, 꿈을 해석하는 은사를 주셨다. 하나님께서는 꿈을 통해 요셉과 함께하심을 증명하시고, 그를 높일 뿐 아니라 하나님의 전능하심을 온 세상에 알게 하신다.

느부갓네살이 꿈을 꾸고 그로 말미암아 마음에 번민하여 잠을 이루지 못할 때 다니엘을 찾는다. 그는 "내 나라 모든 지혜자가 능히 내게 그 해석을 알게 하지 못하였으나 오직 너는 능히 하리니 이는 거룩한 신들의 영이 네 안에 있음이라"^{단 4:18}라고 말한다. 이처럼 하나님께서는 꿈을 통해, 하나님께서 하나님의 사람들과 함께하심을 알도록 하신다.

5) 꿈을 통해 복음 확장을 이루시는 하나님

성령께서 임하시면 복음이 증인들을 통해 예루살렘을 넘어 유대로, 사마리아로, 땅끝까지 이르게 된다^{행 1:8}. 유대인을 넘어, 지역을 넘어, 이방인에게 전파된다는 뜻이다. 가이사랴에 있던 이달리야 군대의 백부장이었던 고넬료는 이방인이었다. 하나님의 사자를 통해, 고넬료와 베드로는 환상 중에 하나님의 말씀을 듣는다. 고넬료에게는 환상 중에 베드로를 찾아가라 명하시고, 베드로에게는 환상 중에 속되고 깨끗하지 못하다고 여기는 짐승들을 잡아먹으라고 세 번이나 말씀하신다^{행 10:15}. 질서의 하나님께서는 하나님의 사람들에게 환상 중에 각각 말씀하심으로 하나의 복음이 지역과 인종을 넘어 이방인에게 전파되는 역사를 이루셨다.

6) 허황된 꿈에 대한 경고의 말씀

물론 허황된 꿈에 대한 경고의 말씀이 있다. 전도서 기자는 "걱정이 많으면 꿈이 생기고 말이 많으면 우매한 자의 소리가 나타나느니라"^{전 5:3}, "꿈이 많으면 헛된 일들이 많아지고 말이 많아도 그러하니 오직 너는 하나님을 경외할지니라"^{전 5:7}라고 경고한다. 마음에 근심과 걱정이 많으면 현실 도피성의 허황된 꿈^{daydreaming}을 꾸게 된다는 것이다. 또한 예레미야는 "만군의 여호와 이스라엘의 하나님께서 이와 같이 말하노라 너희 중에 있는 선지자들에게와 점쟁이에게 미혹되지 말며 너희가 꾼 꿈도 곧이 듣고 믿지 말라"^{렘 29:8}라고 말씀한다. 무분별한 꿈에 대한 맹신이나 환상은 위험할 수 있으니, 하나님에 대한 경외심과 미혹케 하는 자들에 대해 경계심을 갖고 있어야 한다.

일상생활에서 꿈을 꾸며 살아가기

그렇다면 어떻게 일상생활에서 새로운 비전을 꿈꾸며 꿈의 사람으로 살아갈 수 있을까?

첫째는 꿈의 노트, 꿈의 기록을 습관화해야 한다. 꿈은 환상이나 잠을 자면서 꾸는 것만이 아니라, 하나님께서 내게 주시는 미래의 계획, 새로운 생각 등을 모두 포함하는 것이다. 따라서 내게 주시는 하나님의 음성을 들을 때마다 적어두어야 한다.

둘째는 꿈과 비전, 미래에 되길 기대하는 일들을 꿈의 기도로 바꾸어야 한다. 꿈의 기도 노트 note 이다. 단지 적어둘 뿐 아니라, 그것이 하나님의 뜻대로 이루어지고 내 삶을 통해 성취되기를 기도하는 것이다. 하나님께서는 새롭게 시작하는 우리에게 약속하신다. "좋은 것으로 네 소원을 만족하게 하사 네 청춘을 독수리 같이 새롭게 하시는도다" 시 103:5.

셋째는 꿈과 비전 그리고 미래에 대한 반대가 있을 때 그것을 당연한 것으로 여기고 실망치 않도록 하나님의 말씀을 암송하여야 한다. 하나님의 사람은 비록 캄캄한 밤 같을지라도 점점 밝아져서 더욱 빛나는 인생이 되어야 한다. 성경은 "의인의 길은 동틀 때의 햇살 같아서, 대낮이 될 때까지 점점 더 빛나지만, 악인의 길은 캄캄하여, 넘어져도 무엇에 걸려 넘어졌는지 알지 못한다" 표준새번역, 잠 4:18-19 라고 기록한다.

넷째, 경고의 꿈을 꾸었을 때는 혹 죄가 없는지 살펴보며 회개해야 한다. 다니엘은 느부갓네살이 꾼 꿈의 비극적 상황을 설명하면서 "그런즉 왕이여 내가 아뢰는 것을 받으시고 공의를 행함으로 죄를 사하고 가난한 자를 긍휼히 여김으로 죄악을 사하소서 그리하시면 왕의 평안함이 혹시 장구하리이다" 단 4:27 라고 말한다. 하나님께서는 때로 경고의 꿈을 꾸게 하시는데, 그것이 심판이 아닌, 회개하고 하나님의 공의를 행하도록 부르시는 하나님의 초대임을 기억해야 한다.

나가는 말

제39대 미국 대통령이었던 지미 카터 Jimmy Carter 는 "후회가 꿈을 대신할 때 인생은 늙어진다"라고 말했다. 하나님을 위해, 민족을 위해, 교회를 위해, 가정을 위해, 하나님을 닮아가는 것을 위해 꿈을 꾸는 것을 멈추었다면 신체적인 나이와 상관없이 그 사람은 늙은 사람이다. 하나님의 사람들이 기진맥진하여 꿈을 잃고 있다면 하나님께서는 끊임없이 우리를 귀찮게 하실 것이다. 새로움을 꿈꾸는 사람들은 영국의 탐험가로 알려진 프랜시스 드레이크 Francis Drake 의 기도문을 묵상하며 꿈을 꾸어야 한다.

우리를 귀찮게 하소서 주님 Disturb us, Lord

우리를 귀찮게 하소서 주님!
우리가 너무 우리 자신에 만족해 있을 때,
우리가 너무 작은 꿈을 꾸었기 때문에
우리의 꿈이 쉽게 이루어졌을 때,
우리가 해변을 끼고 너무 가깝게 항해하여
목적지에 안전하게 도착했을 때,
우리를 귀찮게 하소서 주님!
우리가 너무 많은 것을 소유하여
생명수에 대한 갈증을 상실해 버렸다면,

우리가 이 세상을 너무 사랑해서

영생을 꿈꾸는 것을 잊어버렸다면,

새 땅을 건설하기 위하여 우리가 노력하느라

천국에 대한 소망이 어두워졌다면,

우리를 귀찮게 하소서 주님!

더욱 용감하게 모험하도록,

너무 해변에 가까이 있지 말고

바다 먼 곳으로 가게 하소서.

그리고 우리를 밀어내소서.

더 이상 땅이 보이지 않을 때 별을 볼 수 있도록

그리고 소망의 지평선을 보게 해달라고 간구할 수 있도록

우리를 밀어내소서.

미래를 위한 힘과 용기와 소망과 사랑을 위해

우리 인생의 선장이신 예수 그리스도의 이름으로 기도합니다.

B. 기억/과거의 사람

    사람은 역사적 존재이다. 과거로부터 와서 현재의 내가 있고, 현재로부터 미래를 향해 가는 존재이다. 인생의 위기를 맞거나 한 해의 마지막인 12월이 되면 우리는 지나온 세월을 되돌아본다. 과거를 되돌아보며 회상하는 것을 기억이라 한다면 우리는 과거의 해석인 기억에 영향을 받으며 사는 존재임이 틀림없다. 그런데 어떤 사람들은 과거라는 집에 기억이라는 나무를 키우는데 그 나무에서 비롯된 쓴 뿌리와 마른 가지, 결실치 못한 열매들로 아파하곤 한다.

    한자 단어 '과거'過去는 '지나가 버린 것', '떠나버린 것'이라는 의미이다. 이미 흘러갔기에 다시 돌이킬 수 없는 것이 과거이다. 그런데 과거를 되돌아보면 거기에는 일어난 사건이나 관련된 인물에 대한 해석인 기억이 남아있다. 기억記憶은 '기록해서 적어놓은 생각,' 즉 마음 속에 새겨져 있는 기록이다. 마치 나무의 나이테처럼 우리는 살면서 좋은 기억, 나쁜 기억, 기쁜 기억, 슬픈 기억, 아픈 기억, 잊고 싶은 기억 등을 마음에 그려두고 살며, 이러한 기억에 의해 영향을 받는 존재이다.

요셉의 입장에서 그의 삶을 되돌아보면, 억울하고 답답하고 괴로운 일들의 연속이었다. 단순히 꿈 이야기를 했을 뿐인데 형들에게 미움을 받아 노예로 팔려 갔다. 열심히 살았으나 성추행범의 누명을 쓰고 감옥에 갇히고, 그곳에서 꿈 해석을 해주며 희망을 키웠지만 잊힌 존재가 되었다. 그의 꿈 해석대로 감옥에서 풀려나간 술 맡은 관원장은 "요셉을 기억하지 못하고 그를 잊었더라"^{창 40:23}라고 성경은 기록한다. 그의 과거에 대한 기억은 아픔과 고난의 연속이요, 더욱 서글픈 것은 그와 함께했던 사람들로부터 잊힌 존재라는 기억이었을 것이다. 그런데 어떻게 요셉은 이러한 일련의 아픈 기억들에 매몰되지 않고 꿋꿋이 신앙의 삶을 살아낼 수 있었을까?

과거의 기억은 오늘의 우리 자신에게 끊임없이 영향을 미치며, 어떤 기억은 하나님을 닮아가는 경건 훈련의 길에 큰 장애와 방해가 되기도 한다. 질병으로 활동을 멈추고 치료를 받아야 하는 순간을 맞고, 한 해의 끝자락에서 지나온 세월을 돌아볼 때 과거의 기억을 우리가 어떻게 해석하느냐에 따라, 하나님과의 관계에서 도약할지, 퇴보할지가 결정된다.

기억하시는 하나님 vs 기억하지 않으시는 하나님

하나님은 기억하시는 하나님이시다. 하나님께서는 우리를 만드셨고, 결코 잊지 아니하신다. "야곱아 이스라엘아 이 일을 기억하라 너는 내 종이니라 내가 너를 지었으니 너는 내 종이니라 이스라엘아 너는 나의 잊음이 되지 아니하리라"^{사 43:21}. 또한 하나님은 우리의 기도와 구제를 기억하신다. 이방인이었던 고넬료에게 찾아온 천사는 "네 기도와 구제가 하나님 앞에 상달하여 기억하신 바가 되었으니"^{행 10:4, 31}라고 전한다. 하나님은 우리의 기도와 구제를 기억하시는 하나님이시다. 하나님께서는 하나님 앞에 드린 기도와 구제, 즉 선한 일도 기억하신다. 그뿐만 아니라 하나님께서는 하나님 백성의 신음과 고통 소리를 들으시고 언약을 기억하신다. "하나님이 그들의 고통 소리를 들으시고 하나님이 아브라함과 이삭과 야곱에게 세운 그의 언약을 기억하사 하나님이 이스라엘 자손을 돌보셨고 하나님이 그들을 기억하셨더라"^{출 2:24-25}. 하나님께서는 애굽에서 종살이하며 괴로워하던 이스라엘 백성들의 신음 소리를 들으시고, 그들과 맺은 언약을 기억하시며 그들을 기억하신 하나님이시다.

하나님의 긍휼하심은 동시에 우리가 죄를 회개하며 고백할 때 그 죄를 기억하지 않으신다. 시편 기자는 동이 서에서 먼 것 같이 우리의 죄과를 우리에게서 멀리 옮기셨다고 말씀한다^{시 103:12}. 그 하나님께서 우리의 죄과를 멀리 옮기시고 기억하지 않으시는 이유는, 하나님은 긍휼하셔서 우리의 연약함과 유한함을 아시기 때문이다. 그뿐만 아니라 하나님께서는 비록 악인들일지라도 "돌이켜 자기의 죄에서 떠나서 정의와 공의로 행하여 … 죄악을 범하지 아니하면 … 그가 본래 범한 모든 죄가 기억되지 아니하리니 그가 반드시 살리라" 겔 33:14-16 라고 선언하셨다. 하나님께서는 회개하며 돌이키는 자의 죄를 기억하지 아니하시고 다시 살리시는 하나님이시다 겔 18:22. 하나님께서는 긍휼하신 분이시기에 회개하는 자의 죄를 기억하지 아니하시며 용서하신다. "나 곧 나는 나를 위하여 네 허물을 도말하는 자니 네 죄를 기억하지 아니하리라" 사 43:25.

이와 같이, 하나님은 우리를 기억하시는 하나님이시며, 우리의 신음 소리를 들으시며, 우리의 기도를 기억하시는 하나님이시다. 동시에 하나님은, 하나님의 긍휼하심 때문에 회개하고 돌이키는 사람들의 죄와 죄과를 기억하지 않으시고 잊으시며, 구원하시는 하나님이시다 시 78:35.

기억해야 할 것 vs 기억하지 말아야 할 것

하나님의 사람은 살면서 기억해야 할 것이 있다. 전도서 기자는 "너는 청년의 때 곧 곤고한 날이 이르기 전, 나는 아무 낙이 없다고 할 해가 가깝기 전에 너의 창조자를 기억하라" 전 12:1 라고 말씀한다. 창조자 하나님을 기억할 때만 인생의 좌절과 낙심할 때가 올 때도 능히 이길 수 있다는 말씀이다. 우리는 하나님께서 지으신 피조물임을 기억하며 살아야 한다. 마리아가 잉태한 후 엘리사벳 앞에서 하나님은 "그 종 이스라엘을 도우사 긍휼히 여기시고 기억"^{눅 1:54} 하신다고 찬양한다. 후에 사가랴도 하나님은 "우리 조상을 긍휼히 여기시며 그 거룩한 언약을 기억"^{눅 1:72} 하셨다고 찬양한다. 하나님의 사람은 하나님께서 긍휼히 여기시고 우리를 살리시는 하나님이심을 기억해야 한다.

또한 하나님의 사람들은 과거로부터 배워야 한다. 이스라엘 백성들은 날마다, 해마다, 평생동안 애굽에서 종살이하던 때를 잊지 않고 기억해야 한다. 구약에서 "옛날을 기억하라"라는 말씀은 애굽에서 종이 되었던 일^{신 16:12; 24:22}과 그들을 구원하신 하나님을 기억하라는 말씀이다. "너는 애굽에서 종 되었던 일과 네 하나님 여호와께서 너를 거기서 속량하신 것을 기억하라 이러므로 내가 네게 이 일을 행하라 명령하노라"^{신 24:18}. 이스라엘 백성들이 무교병 즉 고난의 떡을 먹는 유월절 절기를 지키는 이유는 그들이 애굽에서 종 되었던 삶을 기억하라는 명령 때문이었다^{신 16:3}. 즉, 그들은 고난의 떡을 먹으며 과거의 조상들이 어떤 삶을 살았으며 그들의 신음 소리를 듣고 하나님께서 어떻게 구원해 내셨는가를 기억하는 절기를 지켰다. 따라서 그들이 과거를 기억하는 것은 하나님께서 구원자이심을 기억하며 오늘을 살라는 말씀 때문이다. "너희는 옛적 일을 기억하라 나는 하나님이라 나 외에 다른 이가 없느니라 나는 하나님이라 나 같은 이가 없느니라"^{사 46:9}.

예수님께서도 기억해야 할 것을 잊은 사람들을 향하여 질책하셨다. 예수님께서 떡 다섯 개와 물고기 두 마리로 배불리 먹였음에도 그것을 잊고 의심하는 제자들에게 하신 말씀이다. "너희가 눈이 있어도 보지 못하며 귀가 있어도 듣지 못하느냐 또 기억지 못하느냐 내가 떡 다섯 개를 오천 명에게 떼어 줄 때에 조각 몇 바구니를 거두었더냐 … 아직도 깨닫지 못하느냐 하시니라"막 8:18-21.

또한 십계명 가운데 안식을 기억하여 거룩하게 지키라 말씀하신 다출 20:8. 안식일을 기억하는 것은 단순히 아무 일도 하지 말고 특정한 날을 기억하라는 것이 아니다. 하나님께서 천지 창조를 엿새 동안 하 셨고 일곱째 날에 쉬셨고 그날을 거룩하고 복되게 하셨음을 기억하라 는 것이다출 20:9-11. 다시 말하면, 안식일은 창조주 하나님을 기억하는 날로, 하나님의 거룩하심과 복 주심을 누리는 날의 귀중함을 잊지 말 라는 것이다.

그러나 동시에 하나님의 말씀은 우리에게 기억하지 말 것을 가 르치신다. 이사야 선지자는 "너희는 이전 일을 기억하지 말며 옛날 일 을 생각하지 말라"사 43:18라고 말씀한다. 이것은 하나님께서 새 일을 행 하신다는 선포의 말씀이다. 광야에 물을, 사막에 강들을 내어 하나님 의 택하신 자들로 마시게 하시겠다는 하나님의 언약의 말씀이다. 그런 데 문제는 하나님의 백성들이 이전 일을 기억해서 새 꿈을 꾸지 못한 다는 것이다. 실패의 기억, 좌절의 기억, 쓴 뿌리의 기억, 상한 감정의 기억, 버림받음의 기억 등은 버려야 하며 잊어야 한다. 성경은 죄책감 을 느끼라 말씀하지 않고, 과거에 대해 후회하라 말씀하지 않고 죄를 회개하라 말씀한다. 스스로 죄를 기억하고 후회한 가룟 유다는 진정한 회개의 기회를 잃어버리고 삶을 포기하였다마 27:3-5. 과거로부터 떳떳 한 사람은 아무도 없지만, 그렇다고 과거의 잘못과 죄에 대한 기억 때문에 파멸되어서는 안 된다.

동생을 죽인 가인은 하나님 앞에서 "내 죄짐을 지기가 너무 무거우니이다"^{창 4:13}라고 고백한다. 동생을 죽인 그의 죄는 그가 감당할 수는 없는 죄요, 충격적 경험이요 기억이었다. 라멕은 "나의 상처로 말미암아 내가 사람을 죽였고 나의 상함으로 말미암아 소년을 죽였도다"^{창 4:23}라고 고백한다. 과거의 상처를 기억하고 그 범죄한 기억 속에 살다 보면, 결국은 자신을 파괴할 뿐 아니라 다른 사람의 생명도 잃게 하는 무서운 질병이 된다.

과거 기억과 결별하기 vs 화해하기

그렇다면 어떻게 기억해야 할 것을 기억하고, 잊어야 할 것을 기억하지 않고 살 수 있을까? 그것은 하나님의 언약, 약속을 기억하며 기도하는 것이다. 하나님은 약속하신다. "보라 내가 새 하늘과 새 땅을 창조하나니 이전 것은 기억되거나 마음에 생각나지 아니할 것이라"^{사 65:17}. 하나님께서 새로운 일을 시작하시기 때문에 우리는 과거의 아픈 기억 속에 머물러 있지 않을 수 있다. 이것이 하나님의 약속이다.

과거로부터 자유로운 사람은 한 사람도 없다. 포로시기에 이스라엘 백성들은 바벨론 강변에 앉아 시온을 기억하며 울었다^{시 137:1-3}. 빼앗긴 조국과 포로된 비참한 삶을 생각할 때, 찬양이 눈물이 되었다. 마찬가지로 우리의 과거의 모습을 보면 기쁨보다 한숨과 안타까움이 더 많고, 기쁨보다 눈물이 더 많은 것이 사실이다. 따라서 우리는 시편 기자처럼 하나님의 약속을 기억하며 기도해야 한다. "여호와여 내 젊은 시절의 죄와 허물을 기억하지 마시고 주의 인자하심을 따라 주께서 나를 기억하시되 주의 선하심으로 하옵소서"시 25:7.

하나님의 약속을 기억하는 것은 하나님의 약속의 말씀을 기억하며 순종하는 것이다. "그리하여 너희가 내 모든 계명을 기억하고 행하면 너희의 하나님 앞에 거룩하리라. 나는 여호와 너희 하나님이라. 나는 너희의 하나님이 되려고 너희를 애굽 땅에서 인도해 내었느니라. 나는 여호와 너희의 하나님이니라"민 15:40-41; 신 30:1-5. 하나님의 말씀에 대한 순종이 죄의 기억으로부터 우리를 해방한다.

그렇다면 과거의 기억을 어떻게 다룰 것인가? 먼저 모든 과거의 기억을 보듬어 안아야 한다. 융Jung은 자신을 수용하는 것은 자신의 그림자까지 다 받아드리는 것이라고 말한다. 숨기고 싶고, 덮어두고 싶은 그림자도 자신이기 때문이다. 그렇기에 과거를 인정하고 받아들이며 화해해야 할 기억이 있는가 하면, 과거와 영원히 결별해야 할 기억이 있다.

결별해야 할 기억과 과거는 범죄함으로 인해 후회하고 자신을 파멸시키는 부정적 생각과 감정이다. 베드로는 죽어도, 감옥에 가도, 예수님을 따르겠다고 호언장담하였다. 그러나 예수님을 부인하고 저주까지 한 후에 닭이 울 때에야 비로소 베드로는 예수님께서 자신에게 하신 말씀이 기억되어 생각하고 울었다막 14:72. 베드로는 평생, 이 기억 속에 죄책감으로 살아야 마땅하다. 그러나 부활하신 주님을 만난 후에 그는 그 범죄함, 죄의식, 자기 정죄로부터 벗어날 수 있었다. 사탄이 우리를 향하여 과거의 허물과 기억을 이용하여 정죄하고 죄를 지적할 때, "누구든지 그리스도 안에 있으면 새로운 피조물이라. 이전 것은 지나갔으니 보라 새것이 되었도다"고후 5:17 라고 선언해야 한다. 예수님께서는 그렇기에 베드로가 부인하기 전에 "시몬아, 시몬아, 보라 사탄이 너희를 밀 까부르듯 하려고 요구하였으나 그러나 내가 너를 위하여 네 믿음이 떨어지지 않기를 기도하였노니 너는 돌이킨 후에 네 형제를 굳게 하라"눅 22:31-32 라고 말씀하셨다. 과거의 죄와 범죄한 기억과의 결별은 한순간에 끝나지 않기 때문에, 이는 계속 진행되어야 하는 영적인 싸움이다. 그때마다 다시금 하나님의 약속의 말씀과 긍휼하신 하나님을 기억해야만 과거의 기억과 결별할 수 있다.

화해해야 할 기억과 과거는 무엇인가? 그것은 결별해야 할 과거의 죄로 인한, 나와 하나님, 나와 다른 사람 사이에서 깨어진 관계이다. 베드로는 예수님을 세 번 부인한 사건과 결별하기 위해 세 번씩이나 "너는 나를 사랑하느냐"라는 예수님의 질문에 답해야 했다요 21:15-17. 이것은 주님과의 관계를 회복하는 순간이다. 죄로 인해 깨어졌던 관계를 다시 복원하는 단계이다. 이것은 부활하신 예수님을 만나야만 가능하다. 또한 이것은 자신과의 화해를 포함한다. 범죄하고 타락한, 한심한 자신그림자을 그대로 수용하고, 이러한 죄인임에도 불구하고 하나님께서 긍휼히 여기셨음에 소망이 있음을 발견하는 것이다애 3:19-23. 그렇게 하기 위해서는 남과 자신을 평가하는 것을 멈춰야 한다. 하나님의 긍휼하심을 배울 수 있기를 바라고, 긍휼의 눈으로 자신을 바라보며 아픔을 주었던 사람들을 바라볼 때, 깨어진 관계의 회복을 시작할 수 있다. "너는 왜 그렇게 하였느냐"는 "왜"why라는 판단의 질문에서, "어쩌다 그렇게 하였느냐"는 "어쩌다", "어떻게"how라는 긍휼의 질문을 던지기 시작하면 하나님의 약속 아래 과거와의 화해를 이루어갈 수 있다.

나가는 말

하나님께서는 모세에게 이스라엘 백성에게 이렇게 전하라 말씀하신다. "너희 조상의 하나님 여호와 곧 아브라함의 하나님, 이삭의 하나님, 야곱의 하나님께서 나를 너희에게 보내셨다 하라 이는 나의 영원한 이름이요 대대로 기억할 나의 칭호니라"출 3:15. 조상의 하나님, 즉 아브라함, 이삭, 야곱의 하나님이란 표현은 과거에 머물러 계시는 하나님이 아니라 오늘 살아계신 하나님이시라는 뜻이다. 그렇기에 예수님께서 말씀하시길 "나는 아브라함의 하나님이요 이삭의 하나님이요 야곱의 하나님이로라 하신 것을 읽어 보지 못하였느냐 하나님은 죽은 자의 하나님이 아니요 산 자의 하나님이시니라"마 22:32; 막 12:26-27; 눅 20:37-38라고 말씀하셨다. 하나님은 대대로 기억할 하나님이시며, 그 하나님은 과거의 죽은 조상들의 과거 속에 갇힌 하나님이 아니라, 오늘도 살아서 역사하시는 하나님이시다. 그 하나님께서는 우리의 범죄함과 추악한 기억과 결별하기를 기대하신다. 나아가 과거의 죄로 인해 깨어진 관계를 회복하는 삶으로 우리를 초대하신다. 과거의 죄와 상처와 아픔의 기억과 결별하고, 하나님의 긍휼하심과 신실하신 약속을 붙들고 과거와 화해함으로 하나님과 이웃, 자신과 깨어진 관계를 회복하기를 소원한다.

2장

—

자존감과 열등감

A. 자존감

자존감이란 자아 존중감의 줄인 말이다. 자존감은 자신에 대한 현실적인 긍정적 이해와 이에 따른 편안한 감정이라고 볼 수 있다. 현실적이라는 것은 자신의 장단점을 동시에 보는 것이며, 편안한 감정은 자신의 약점과 단점을 수용하고 인정하지만 그럼에도 장점에 대한 긍정적 감정을 갖는 것이다. 따라서 자신에 대해 터무니없이 과장하거나 축소함 없이 있는 그대로 보는 것이다. 자신에 대한 과도한 자신감은 소위 왕자병, 공주병과 같은 자기애적 성격장애와 증상이 비슷하다. 또한 자신에 대한 지나친 비하와 겸손은 친밀감을 원하지만, 거절과 배척에 대한 예민성 때문에 나타나는 대인관계의 위축^{회피성 성격장애}으로 볼 수 있다. 또한 자존감은 자존심과도 구별된다. 자존감은 높을수록 좋지만^{자신을 존중하고 다른 사람도 존중하지만}, 자존심이 강한 사람은 열등감^{다른 사람과의 비교}에 기초하기 때문에 상처도 잘 받고 결국은 다른 사람들을 힘들게 만든다. 자존감은 자기 자신의 가치를 믿는 마음인 데 비해서 자존심은 주로 남보다 뛰어나거나 뒤처진다는 비교에서 나오는 반응적 감정이다. 결국 자존감과 열등감은 동전의 양면과 같다. 열등감이 커지면 자존감은 작아지고, 반대로 자존감이 높으면 열등감은 잠시 왔다가도 사라지게 된다. 마찬가지로 자존감이 높으면 남을 의식하는 자존심을 강하게 주장할 필요가 없어지고, 자존감이 낮으면 자신의 강함을 증명하기 위해 다른 사람들을 향해 자존심을 앞세울 가능성이 높다. 따라서 자존심은 유사 자존감 pseudo self-esteem 이라 볼 수 있다.

성경 속의 자존감

성경에 보면 유사 자존감이라 볼 수 있는 자기 과시적 자존감, 즉 자존심의 예가 많이 있다. 사사 시대에 아비멜렉은 데베스 망대의 문 가까이 가서 불사르려 하다가 한 여인이 던진 맷돌 위짝을 머리에 맞아 죽게 된다. 그때 아비멜렉은 자신의 병기를 잡은 소년을 급히 불러서 "너는 칼을 빼어 나를 죽이라 사람들이 나를 가리켜 이르기를 여자가 그를 죽였다 할까 하노라"삿 9:54 라고 한다. 이에 그 소년이 아비멜렉을 찔러 죽음을 맞는다. 여인이 던진 맷돌에 맞아 죽는다는 것이 그에게는 자존심이 상하는 일이었다. 결국 그는 자신이 종 같이 부리던 소년의 칼에 찔려 죽는 것이 수치를 면하는 일이라고 여긴 것이다. 수치심을 느끼는 것은 자존감이 없어지는 것과는 다르다. 끝내 그는 전쟁터에서 싸우다 칼에 죽지 못하고, 여인이 던진 맷돌에 맞아 죽는 것은 수치스러운 것으로 생각하였다. 죽음을 비교하며 자존심이 상하여 스스로 죽기를 구한 것이다.

사울 왕은 블레셋과의 싸움에서 패전하여 도망하다가 활에 맞아 중상을 입었다. 그는 그의 부하에게 네 칼을 빼어 자신을 찌르라고 하며 "할례 받지 않은 자들이 와서 나를 찌르고 모욕할까 두려워하노라"삼상 31:4라고 말한다. 그러나 병사가 심히 두려워하여 그렇게 하지 않자 사울 왕은 자기 칼을 취하고 그 위에 엎드러져 스스로 삶을 마감한다. 오래전, 사울 왕은 골리앗이 40일 동안 밤낮으로 나타나 이스라엘을 모욕하는 소리를 듣고 놀라서 크게 두려워하였다삼상 17:11. 사울 왕은 하나님의 이름과 이스라엘이 모욕을 당할 때는 두려워 숨었지만, 자신이 활에 맞아 죽어갈 때는비교하여 자존심이 상하여 부끄러움에 스스로 목숨을 끊은 것을 선택한다. 그는 하나님보다 자기중심적인 사고와 삶을 살았고, 결국은 자기중심적 행동을 취한다.

아비멜렉은 여인의 맷돌에 맞아서 죽었다는 소문을 부끄러워했다. 또한 사울 왕은 블레셋의 손에 죽는 것을 수치스럽게 생각하면서 부하의 손에 죽기를 구하다가 결국 스스로 생명을 끊었다. 이러한 죽음은 결코 건강한 자존감에서 나오는 행동이라고 볼 수 없다. 이처럼 성경에서는 유사 자존감으로 비극적 죽음을 맞는 사람들이 있다. 유사 자존감은 두려움과 수치심이 커서 오히려 분노와 파괴적 행동으로 표현될 가능성이 높다. 자신이 가치 있는 존재임을 증명하기 위해 끊임없이 비교하며 비상식적인 언어와 행동을 하기 때문이다.

반면에 건강한 자존감이 있다. 만약 성경 인물 중 진정 자결하고 싶은 상황에 부닥친 사람이 있다면, 그건 삼손일 것이다. 그는 영웅적인 이스라엘의 사사에서 자신의 욕망 때문에 부끄러움을 당하여 눈을 잃고, 블레셋 사람들에게 재주를 부리는 노예로 전락하였다. 삼손은 진정 자존심 상하고 참을 수 없는 수치심으로 견딜 수 없는 처지에 놓여 있었다. 그러나 그는 "주 여호와여 구하옵나니 나를 생각하옵소서 하나님이여 구하옵나니 이번만 나를 강하게 하사 나의 두 눈을 뺀 블레셋 사람에게 원수를 단번에 갚게 하옵소서"^{삿 16:28}라고 하나님께 부르짖는다. 삼손은 수치를 당하고 부끄러움 가운데 있었지만, 그것 때문에 위축되어 포기하지 않았다. 그는 하나님께서 함께하시면 그 부끄러움을 만회할 수 있다고 믿었고, 고통 중에 오히려 하나님께 부르짖어 장렬한 죽음을 맞는다. 그렇기에 성경은 "삼손이 죽을 때에 죽인 자가 살았을 때에 죽인 자보다 더욱 많았더라"^{삿 16:30}라고 기록한다.

삼손은 들릴라의 유혹으로 나실인의 규례를 깨고 수치를 당하지만, 성경은 그를 위대한 믿음의 인물로 묘사하고 있다. 히브리서 11장^{믿음 장}에 삼손은 당당히 이름을 올렸고, 히브리서 기자는 "그들은 믿음으로 나라들을 이기기도 하며 의를 행하기도 하며 약속을 받기도 하며 사자들의 입을 막기도 하며 불의 세력을 멸하기도 하며 칼날을 피하기도 하며 연약한 가운데서 강하게 되기도 하며 전쟁에 용감하게 되어 이방 사람들의 진을 물리치기도 하며… 또 어떤 이들을 조롱과 채찍질뿐 아니라 결박과 옥에 갇히는 시련도 받았으며… 이런 사람은 세상이 감당하지 못하느니라"^{히 11:33-38}라고 말한다. 삼손만을 지칭하는 것은 아니지만 삼손의 삶을 잘 표현하고 있고 이런 하나님의 손에 붙잡힌 건강한 자존감^{자의식}을 느끼고 있는 사람은 환경이나 상황과 비교하며 낙망하지 않는, 세상이 감당하지 못하는 사람임이 틀림없다.

사도 바울 역시 건강한 자존감을 가진 인물이다. 그는 부끄럼 없이 그의 고난과 실패를 형제들과 나눈다. 사실 누구나 자신의 실패와 약함이 공개되는 것을 원하지는 않을 것이다. 그러나 사도 바울은 "내가 수고를 넘치도록 하고 옥에 갇히기도 더 많이 하고 매도 수없이 맞고 여러 번 죽을 뻔하였으니 유대인들에게 사십에서 하나 감한 매를 다섯 번 맞았으며 세 번 태장으로 맞고 한 번 돌로 맞고 세 번 파선하고…또 수고하며 애쓰고 여러 번 자지 못하고 주리며 목마르고 여러 번 굶고 춥고 헐벗었노라…내가 부득불 자랑할진대 내가 약한 것을 자랑하리라"^{고후 11:23-30}라고 말한다. 자신의 존재가 약한 것 때문에 손상되지 않기 때문에, 즉 그는 건강한 자존감을 갖고 있기 때문에 자랑할 필요가 없지만, 부득불^{구태여} 자랑해야 한다면 그는 약한 것을 자랑한다.

생활 속에 자존감을 세워가는 훈련

그렇다면 일상생활 속에서 자존감을 잃고 낙심할 만한 일들이 일어날 때 우리는 어떻게 유사 자존감에 빠지지 않고 건강한 자존감을 유지하며 살아갈 수 있을까?

1) 자신의 무능을 인정하기

데이빗 칼슨David E. Carlson은 자존감self-esteem은 이상적 자아ideal Ego에서 실제 자아real self를 뺀 값과 같다고 주장한다. 자존감은 실제로 자신이 어떠한 사람인가 하는 것과 자신이 어떠한 사람이 되기를 원하는가의 차이에 놓여 있다는 것이다. 그런 의미에서 성도들은 현재 자신의 모습과 성숙한 성도가 되고픈 높은 기대 사이에서 그 차이가 너무 크다는 것을 느낀다. 이런 이유 때문에 죄책감에 시달리며 낮은 자존감으로 고통 받는 성도들이 많이 있다. 바울은 자신이 비방자, 박해자, 폭행자며, 죄인 중에 괴수딤전 1:13-15라고 고백하지만 죄책감 때문에 낙망하지 않는다. 오히려 그것은 과거의 자신이며 지금은 감사하는데, 그 이유는 자신에게 능력을 주시는 예수님께서 충성되게 여겨 직분사명을 주셨기 때문이라 말한다. 따라서 건강한 자존감은 자신의 무능을 인정하는 것에서 시작된다.

사울 왕과 아비멜렉의 예에서 살펴보았듯이 살다보면 자존심을 앞세워 부끄러운 선택을 할 때가 종종 있다. 사도 바울은 비록 자신은 깨어지기 쉬운 질그릇 같은 존재무능한 존재이지만 그 속에 보배이신 예수 그리스도를 가지고 있기 때문에 우겨쌈을 당하여도, 답답한 일을 당하여도 낙심하지 않고 망하지 않는다고 선언한다고후 4:7-10. 바울이 다른 사람을 의식하거나 자신과 다른 사람을 비교하지 않고 자존감을 유지할 수 있었던 비결은 자신이 연약하고 무능한 존재라는 자의식, 그리고 동시에 예수 그리스도 때문에 보배로운 존재라는 믿음 때문이다.

자존감을 세우는 삶은 날마다 자신의 무능함을 인정하고, 예수 그리스도의 능력있음 때문에 날마다 부활을 선택하는 삶을 사는 것이다.

2) 하나님께 용서 구하기와 자신을 용서하기

죄책감의 정도가 자존감의 측정계라 할 수 있다. 죄에 예민한 사람일수록 죄책감 때문에 고통을 받는다. 그런데 죄책감은 용서받을 수 없음에 대한 자기 처벌적 요소가 강하게 남아있는 감정이다. 죄에 민감하여 회개하며 하나님께 용서를 구하는 것과 죄책감 때문에 괴로워하며 자신을 벌주는 것을 구별해야 한다. 또한 자신의 연약함과 불완전함마저도 죄로 여기며 죄책감에 머물러 있지 말아야 한다. 다윗은 밧세바와 동침한 후 선지자 나단이 그에게 와서 죄를 지적할 때, 죄악을 깨닫고 하나님의 용서와 은혜를 구한다시 51편. 왜냐하면 다윗은 하나님께서 그의 죄를 용서하시고 구원의 즐거움을 회복시켜주실 것시 51:12을 신뢰하였기 때문이다. 따라서 하나님의 은혜와 용서하심에 뿌리를 내려야 그리스도 예수 안에서 구원의 기쁨과 용서의 회복을 경험하며 낮은 자존감에서 해방될 수 있다. 예수님께서는 간음 현장에서 붙잡힌 여인에게 "나도 너를 정죄하지 아니하노니 가서 다시는 죄를 범치 말라"요 8:11 라고 말씀하신다. 이러한 용서의 선언과 회복의 사명이 자신에게 유효한 말씀으로 역사하기 시작할 때, 예수님 안에서 자신의 가치를 발견하게 된다. 따라서 그리스도 예수 안에서 발견한 자신의 모습을 "나는 …입니다"라고 날마다 고백해야 한다.

'나는 소중합니다'

'나는 중요한 사람입니다'

'나는 사랑스럽습니다'

'나는 가치가 있습니다'…

데이빗 칼슨은 작자 미상의 기도문을 내담자들에게 하루에 세 번씩 반복적으로 읽게 하여 하나님의 눈으로 자신을 보는 것을 통해 부정적인 자아상을 교정하도록 돕는다.

나는 하나님의 자녀입니다.

하나님은 나를 창조하셨고 나를 사랑하십니다.

나는 태어나기 전에 하나님과 함께 있었습니다.

그분은 그때 나를 아셨고 지금 나를 완전하게 아십니다.

나를 철두철미하게 아십니다.

하나님은 있는 모습 그대로 나를 사랑하십니다.

있는 모습 그대로 나를 용납하십니다.

나는 용납받을 만하며 사랑스러운 사람입니다.

하나님의 아름다운 자녀입니다.

무한한 가치를 갖고 있습니다.

모든 피조물은 내가 없이는 완전하지 않습니다.

나는 개별적으로 창조되었습니다. 모든 면에서 독특합니다.

하나님은 독특한 사람으로 나를 창조하셨고 나를 사랑하십니다.

하나님은 나를 그분 자신의 것으로 선택하셨습니다.

하나님은 내 속에 살아계시며 나는 그분 속에 살아 있습니다.

그분은 내 안에 거주하시며 나를 그분의 자녀라고 부르십니다.

그분은 내가 충분하며 풍성하게 살기를 원하십니다.

그분은 나를 자유롭게 하시며 나에게 기쁨을 주십니다.

오직 그의 은혜를 통해 생명이라는 선물을 주십니다.

나는 오늘도 하나님의 사랑을 받아들이며 그분이 나를

영원히 사랑하실 것임을 압니다.

나는 내가 실제적인 모습을 가진 사람임을 인해 하나님께

감사드립니다.

나를 창조하시고 나에게 생명 주심을 감사드립니다.

진실과 사랑, 생명으로 인하여 그분께 감사드립니다.

3) 자신을 자존감 있는 존재로 양육하기

자신에 대한 긍정적 이해와 편안한 감정은 부모가 어렸을 적에 어떻게 대하였는지가 결정적 요소라고 알려져 있다. 그렇기에 아이가 부모로부터 적절한 사랑과 존중을 받지 못하고 자라면 낮은 자존감을 가진, 상처받기 쉬운 성인이 된다. 그러한 사람들은 적절한 사랑과 존중을 받지 못했기 때문에 끊임없이 주위로부터 인정받고 사랑받기 위해서 처절하게 노력한다. 그렇지만 원하는 노력의 결과를 얻지 못하

고, 쉽게 자책을 하며 죄책감 가운데 다음과 같은 부정적 자기 대화를 주로 한다.

'…을 하여야만 한다'와 '…을 하지 말아야 한다',
'나는 …을 할 수 없다'와 '왜 …을 하지 않았을까?'
'만약 …을 했었다면 좋았을텐데…'

이러한 자기 대화를 하는 사람은 자신은 부족하고 불완전하기 때문에 다른 사람들의 사랑과 인정을 받을 수 없다고 생각한다. 하지만 부모로부터 받지 못한 사랑과 인정은 과거의 것이며, 현재의 우리는 하나님의 가족에 입양된 하나님 아버지의 자녀로 이미 충분한 돌보심과 사랑을 받고 있는 존재임을 기억해야 한다. 그 하나님의 사랑과 돌보심 가운데서 우리 스스로 자존감 있는 자신을 양육하는, 앞의 부정적 자기 대화를 바꾸는 훈련을 시작할 수 있다.

'나는 …을 할 수 있고 …을 할 것이다'

'비록 나는 …하지만, …을 할 수 있고, …을 할 것이다'라는 표현은 자신의 장점과 약점을 모두 인정하면서도 자신을 긍정적으로 이해하는 자기 대화이다.

"나는 비록 뚱뚱하지만, 나는 축구를 할 수 있고, 좀 더 훈련하면

축구를 더 잘할 것이다"

"나는 비록 공부는 평균 이하지만, 나는 게임을 할 수 있고, 프로 게이머를 할 것이다"

"나는 비록 노래는 못하지만, 나는 춤을 출 수 있고, 앞으로 연예 인을 할 것이다"

이와 같은 자신과의 대화는 과거와 현재와 미래를 균형 있게 이 해하는, 건강한 자존감을 세워가게 할 것이다. 가족 치료자인 버지니 아 새티어 Virginia Satir 는 '나의 자존감 선언'이라는 글에서 이렇게 말한다.

"나는 나다.
세상 어느 곳에도 나와 똑같은 사람은 존재하지 않는다.
나는 나의 꿈과 희망과 공포심을 소유한다.
나는 나의 모든 업적과 성공, 실패와 잘못을 소유한다…."

나가는 말

이처럼 건강한 자존감은 과거와 현재, 미래, 실패와 성공 모두를 아우르는 자신에 대한 이해에 기초한다. 하나님은 우리의 연약함과 능력과 가능성을 모두 알고 계신다. 왜냐하면 "주께서 내 내장을 지으시며 나의 모태에서 나를 만드셨기"시 139:13 때문이다. 그러므로 우리를 지으시고 만드셨을 뿐 아니라 걸작품으로 만들어 가시는 하나님^{엡 2:10}을 신뢰하면서, 날마다 그리스도안에 있으며, "비록 나는 …하지만, 나는 …을 할 수 있고, …을 할 것이다"라는 신앙고백을 한다면, 자신과 다른 사람들을 가치있게 여기는 자존감 넘치는 성도로 성장해 갈 수 있을 것이다.

B. 열등감

의사인 맥스웰 몰츠 Maxwell Maltz 는 세계 인구의 95퍼센트가 열등감으로 고통을 받고 있으며, 그 열등감으로 인해 행복과 성공에 심각한 장애를 겪는다고 주장한다. 반면에 열등감은 결핍에 대한 인식에 뿌리를 두고 있기 때문에 그것을 극복하도록 이끄는 "창조의 원동력"이 될 수도 있다. 그렇기에 심리학자 애들러 Alfred Adler 는 열등감과 열등감을 극복하기 위한 우월성의 추구가 삶의 중요한 동기라고 강조한다. 이처럼 열등감은 긍정적 측면과 부정적 측면이 있다. 문제는 열등감의 부정적 영향력으로 부터 완전히 자유로운 사람은 없다는 것이다.

인간이 죄인됨을 깨닫고 예수님을 영접하게 되는 것은 스스로 구원할 수 없다는 결핍 열등함을 인정하는 것으로부터 시작된다. 따라서 자신이 피조물임을 인정하고, 창조자이신 하나님께로 돌아가야만 소망이 있다. 피조물인 인간의 죄는 창조주 하나님과 같이 될 수 있다는 사탄의 거짓말에 미혹되었기 때문에 생긴 것이다. 타락한 인간은 하나님과 같이 되고자 욕망하고, 다른 사람들 보다 더 높아지고자 하는 욕심 때문에 비극을 겪는다. 그런데 높아지고자 하면 할수록, 열등감에서 벗어날 수가 없다. 왜냐하면 높고 낮음은 비교해야만 하고 비교 속에서는 결코 행복이 없기 때문이다.

열등감에는 두 가지가 있다. 하나는 갖고 태어난 선천적인 것, 바꿀 수 없는 것이고, 또 다른 하나는 환경이나 상황에서 오는 상대적인 것이다. 절대적인 것이든, 상대적인 것이든 비교함과 경쟁심으로부터 열등감은 온다. 이러한 열등감의 특징은 객관성이 결여된 주관적인 사고이며, 부정적인 자기 판단이다. 애들러에 의하면 인간은 열등감을 보상하기 위해 '공격성과 후퇴'라는 사회적 징후를 나타낸다고 한다. 즉 내면에 열등감이 있는 사람은 다른 사람들을 향하여 공격적이 되고, 도피하거나 자기비하 같이 후퇴하는 태도를 취하게 된다는 것이다. 열등감을 숨기려는 태도는 점점 자신의 삶을 고통스럽게 만든다. 그렇다면 열등감을 피할 수도 없고, 함께 살아야만 한다면 어떻게 극복할 수 있을까?

성경 속의 열등감

사울은 본래 남보다 가진 것이 많았고 겸손한 사람이었다. 성경은 사울에 대하여 "기스에게 아들이 있으니 그의 이름은 사울이요 준수한 소년이라 이스라엘 자손 중에 그보다 더 준수한 자가 없고 키는 모든 백성보다 어깨 위만큼 더 컸더라"삼상 9:2라고 기록하고 있다. 사울은 외모도 출중했고 키도 장대했다. 게다가 그는 겸손하였다. 선지자 사무엘이 사울에게 "온 이스라엘이 사모하는 사람이 사울"이라고 하자, 사울은 "나는 이스라엘 지파의 가장 작은 지파 베냐민 사람이 아니니이까 또 나의 가족은 베냐민 지파 모든 가족 중에 가장 미약하지 아니하니이까 당신이 어찌하여 내게 이같이 말씀하시나이까"삼상 9:21 라고 대답한다. 작은 지파에 속한 미약한 가정의 아들이 어떻게 백성들의 사랑을 받으며 왕이 될 수 있느냐는 겸손함을 잘 표현하는 말이다. 심지어 제비를 뽑아 그가 왕으로 세워질 때도 그는 오히려 짐보따리 뒤에 숨었다고 기록한다삼상 10:22. 이러한 말씀들은 사울이 왕이 되기 전에 사람들의 사랑을 받았지만 겸손하였고, 다른 사람들 보다 키도 크고 생김새도 준수했지만 자만하지 않았던 사람이었음을 잘 보여준다. 훗날 사무엘은 사울이 하나님의 말씀을 청종하지 않을 때에 "왕이 스스로 작게 여길 그 때에 이스라엘 지파의 머리가 되지 아니하셨나이까"삼상 15:17라고 책망한다. 스스로 작게 여기고 겸손할 때 하나님께서는 그를 들어서 왕으로 세워 이스라엘을 이끌도록 하였다.

그러나 때로 겸손함이 열등감의 위장일 수 있음을 사울의 삶에서 발견할 수 있다. 사실 그는 키도 컸고 외모도 출중했고, 많은 장점을 가진 사람이다. 그럼에도 불구하고 그는 지나친 겸손과 지나친 자기 비하를 하였고, 훗날 사울은 왕이 되어 높아지자 사무엘을 무시하고 하나님의 말씀을 무시하는 교만한 사람으로 돌변한다. 사무엘이 하나님의 말씀을 청종치 않았음을 꾸짖자 사울은 이렇게 고백한다. "내가 범죄하였나이다 내가 여호와의 명령과 당신의 말씀을 어긴 것은 내가 백성을 두려워하여 그들의 말을 청종하였음이니이다…내가 범죄하였을지라도 이제 청하옵나니 내 백성의 장로들 앞과 이스라엘 앞에서 나를 높이사 나와 함께 돌아가서 내가 당신의 하나님 여호와께 경배하게 하소서 하더라"삼상 15:24, 30. 사울은 자신이 하나님 앞에서 범죄했음을 알았음에도 회개하는 것이 아니라 변명을 늘어놓는다. 사울은 하나님의 말씀보다는 백성들의 말을 청종했는데 그 이유는 두려움 때문이었다. 사울은 범죄에도 불구하고 사무엘에게 장로들 앞과 이스라엘 앞에서 자신을 높여달라고 요구한다. 사울은 열등감으로 인해 겸손보다는 자기 비하를 하였고, 다른 사람과의 비교하면서 높힘 받기를 원하였다. 결국 사울은 "사울이 죽인 자는 천천이요 다윗은 만만이로다"삼상 18:7라는 여인들의 노래 소리를 들으며 열등감이 폭발하여 다윗을 향해 창을 던진다. 그것은 사울의 열등감이 공격적으로 표출되는 순간이었다. 훗날의 사울은 열등감에 쫓긴 삶을 살았다. 사람들이 자신을 싫어하며, 자신을 버리고 떠나갈 것이라는 열등감이 사울의 삶을 파멸로 이끌었다.

애들러는 신체적 열등감, 심리적 열등감과 함께 형제 경쟁에서의 열등감을 언급한다. 형 가인은 동생 아벨의 제사를 받으신 하나님께 불만이 가득 찼고, 결국 동생을 살해한다. 경쟁에서 뒤쳐졌다 생각한 형 가인의 열등감은 동생 아벨에 대한 공격살인으로 표출된다. 형 가인보다 "더 나은 제사"히 11:4를 드린 믿음의 사람 아벨은 형의 분노로 죽임을 당한다. 하나님의 징벌을 받는 가인은 "무릇 나를 만나는 자마다 나를 죽이겠나이다"^{창 4:14}라며 두려워한다. 형 가인은 동생 아벨과 비교하면서 열등감으로 고통을 받으며 그 분노로 동생을 살해하고 유리방황하는 자가 된다.

비슷한 예는 쌍둥이로 태어난 에서와 야곱에게서도 나타난다. 쌍둥이의 형제 경쟁과 부모의 편애는 결국 야곱으로 하여금 형 에서와의 경쟁에서 아버지를 속이고 장자의 축복을 훔치게 한다. 이 일로 인해 야곱은 일평생 형 에서에 대한 두려움으로 도망다니며 산다.

생활 속에 열등감을 극복하는 훈련

세상에는 잘 생긴 사람도 많고, 똑똑한 사람도 많고, 능력 있는 사람도 넘쳐난다. 비교하고 경쟁하며 살면 날마다 좌절이고, 날마다 열등감을 느낄 수밖에 없다. 그렇다면 일상생활 속에 열등감을 어떻게 극복하며 살아갈 수 있을까?

세례 요한은 충분히 열등감에 빠질 수 있었음에도 그것을 멋있게 이겨나간다. 그의 제자들이 찾아와 예수님께서 세례를 베푸시므로 사람들이 다 그에게로 간다고 이야기 한다^{요 3:26-30}. 요한은 자신을 따르던 사람들이, 자신을 칭송하던 사람들이 예수님께로 모두 다 간다는 말을 들었을 때, 사울처럼 낙심하며 열등감에 빠질 수 있는 상황이었다. 그럼에도 불구하고 그는 하나님께서 그렇게 하신 것이라 믿으며 오히려 기쁨이 충만하여 "그는 흥하여야 하겠고 나는 쇠하여야 하리라"요 3:30라고 선언한다. 과연 가능할까? 연예인들이 인기가 떨어지면서 우울해 하며 열등감에 빠지고, 심지어는 자살까지 하는 슬픈 소식을 자주 접하게 된다. 이러한 상황에서 세례 요한으로부터 배울 수 있는 것은 무엇인가?

1) 자신이 그리스도가 아니라는 분명한 자의식이다.

요한은 자신이 구원자가 아니고 예수님이 그리스도임을 분명히 알았다. 자신이 결핍되어 있고, 구원이 필요한 존재라는 것을 알기에 예수님을 "세상 죄를 지고 가는 어린양" 즉 구세주로 고백한다. 열등감을 이기는 길은 자신은 부족한 존재이기 때문에, 예수님이 그리스도가 되셔서 자신의 삶을 다스리셔야 살 수 있다는 것을 믿는 믿음이다. 그러므로 사도 바울은 담대히 "내게 능력 주시는 자 안에서 내가 모든 것을 할 수 있느니라"빌 4:13라고 외친다. 비록 자신은 질그릇 같이 약하고 상처받기 쉬운 존재이지만 그 질그릇에 담긴 보배이신 예수님 때문에 자신이 중요하고 귀한 존재라는 믿음이다고후 4:7. 게다가 자신의 약점과 부족함이 오히려 하나님께서 함께 하시는 증거가 될 수 있기 때문에 열등감을 느낄 필요가 없다. 따라서 날마다 "나는 질그릇처럼 깨어지기 쉬운 존재이지만 오늘도 예수님 때문에 보배로운 존재"라고 스스로에게 들려주어야 한다.

2) 자신의 사명과 은사를 아는 사람은 열등감으로부터 자유로울 수 있다.

세례 요한은 자신이 역할과 사명을 분명히 알았다. 바나바와 바울의 관계에서 우리는 그것을 배울 수 있다. 바나바는 예수님 믿는 자들을 핍박하다 개종한 사울이었던 바울을, 제자들에게 담대히 소개한다^{행 9:27}. 당시 제자들은 그의 회심에 대해 의구심을 갖고 경계하던 때였다. 그 후 성경은 바나바가 사울을 데리고 다니며 함께 활동한 것을 기록한다. 사도행전에 이름의 순서도 바나바와 사울로 등장하다가 바나바와 바울, 또는 바울과 바나바가 혼용되어 표기된다. 바울은 점점 선교 여행에 중추적인 역할을 감당하며 승승장구하여 선교에 중요한 족적을 남긴다. 결국에는 바나바의 시대가 끝나고 바울의 선교 시대가 펼쳐진다.

바나바는 바울 때문에 열등감을 느끼기에 충분한 조건을 가지고 있었다. 인기도, 사역의 비중도, 교회의 영향력도 점점 바나바에서 바울로 옮겨졌다. 그러나 바나바는 "격려의 사람"^{man of encouragement, 행 4:36}이다. 바나바는 자신의 은사대로 남을 세우고, 격려하고, 자신이 도와준 사람이 잘 되는 것을 기뻐하였기에 열등감을 이길 수 있었다. 성경은 "각각 자기의 일을 살피라 그리하면 자랑할 것이 자기에게는 있어도 남에게는 있지 아니하리니"^{갈 6:4}라고 말씀한다. 우리 말 번역보다는 영어 NIV가 더 분명하게 내용을 전달해 준다. "Each one should test his own actions. Then he can take pride in himself, without comparing himself to somebody else" NIV. Gal. 6:4. "자기 자신의 행동을 잘 살펴보아라. 그렇게 하면 다른 사람과 그 자신을 비교함 없이 자기 자신 안에서 자랑할 것을 찾을 수 있다"라는 말씀이다. 남과 비교함이 없이 각자 자기 자신에게만 주신 하나님의 은사가 있다. 따라서 자신에게 주신 하나님의 은사가 무엇인가를 발견하기 위해 하나님께 질문해야 하며, 은사를 발견하는 길은 자랑스러운 일, 선한 일을 계속하는 것이다.

3) 열등감을 이기는 길은 머리이신 예수님에게까지 자라가는 것이다.

인간은 다른 사람이 어떻게 될지 늘 비교하는 습관이 있다. 세 번이나 예수님을 부인했던 베드로는 부활하신 예수님을 만났을 때 세 번에 걸쳐 "네가 나를 사랑하느냐" 요 21:15-17라는 질문을 듣는다. 베드로는 "근심하여 … 내가 주님을 사랑하는 줄을 주님께서 아시나이다" 요 21:17라며 대답한다. 그리고 바로 그의 호기심과 비교의식이 발동한다. 마침 요한 최후의 만찬에서 예수님의 품에 의지하여 주를 파는 자가 누구냐 물었던을 보고 베드로는 예수님께 묻는다. "주님! 이 사람은 어떻게 되겠사옵나이까?" 인간은 끊임없이 비교하며 다른 사람은 어떻게 될지를 궁금해한다. 예수님께서는 '너와 상관이 없으니 너는 나 예수님를 따르라'라고 간결하게 명령하신다. 우리의 목표는 형제나 자매, 형제나 가족이 아니라 예수님의 장성한 분량까지 자라 가야 하는 것이다. "… 온전한 사람을 이루어 그리스도의 장성한 분량이 충만한데까지 이르리니…오직 사랑 안에서 참된 것을 하여 범사에 그에게까지 자랄지라 그는 머리니 곧 그리스도라"엡 4:13, 15.

4) 좋은 것을 주시는 하나님에 대한 확고한 믿음이다.

세례 요한은 좋은 것은 모두 하나님께서 주신 것이기 때문에 내게 있든, 남에게 있든 그것을 탐하거나 부러워하지 않는다. 어떤 사람은 "자기의 일에 교만한 자가 남의 일에 겸손할 수 있다"라고 역설적으로 말한다. 즉, 자신에게 있는 긍정적 자원들에 대한 믿음이 있을 때 다른 사람이 갖고 있는 장점과 탁월함에 대해 흔들림 없이 인정해 줄 수 있다는 말이다. 세례 요한은 그렇기에 예수님께로 사람들이 몰리는 것은 당연한 것이고, 하나님의 계획 가운데 이루어지는 것이기 때문에 오히려 박수 칠 수 있고 기뻐할 수 있다고 말한다. 과연 후배가 자신보다 뛰어나고, 인기 있고, 앞서가는데도 과연 요한처럼 기뻐하며 좋아할 수 있을까? 세례 요한은 그것이 가능함을 우리에게 보여준다. 예수님께서 흥하시기를 날마다 기뻐하는 훈련을 통해 다른 사람들에 대한 질투와 시기를 극복할 수 있다. 아무리 낙심되고 힘들어도 결국 하나님께서는 좋은 것을 주시는 분이므로 하나님께 구해야 한다. 성경은 "… 하물며 하늘에 계신 너희 아버지께서 구하는 자에게 좋은 것으로 주시지 않겠느냐"마 7:11 라고 말씀하신다. 하나님께 구할 때 하나님께서는 내게도 좋은 것을 발견하게 하신다. 따라서 좋은 것을 주시는 하나님께 기도해야 한다. 경쟁에서 뒤쳐져서 열등감이 밀려올 때 기도해야 한다. 지혜가 부족할 때 후히 주시고 꾸짖지 아니하시는 하나님께 구해야 한다^{약 1:5}. 또한 라인홀드 니이버^{Reinhold Niebuhr}의 평온의 기도^{prayer of serenity}를 통하여 우리는 능히 열등감과 대결할 수 있다.

하나님이여!
저에게, 제가 변화시킬 수 없는 일에 대해서는
그것을 받아들일 수 있는 평정을 주시고,
제 힘으로 변화시킬 수 있는 일에 대해서는
그것을 변화시킬 수 있는 용기를 주시며,
그리고 이 두 가지 차이를 깨달아 알 수 있는
지혜를 허락해 주옵소서.

하루하루를 살아내게 하옵시며
순간순간을 즐기며 살게 하옵소서.
고난을 받아드리는 것이 평화에 이르는 길임을 받아들이게
하옵소서.
죄로 가득 찬 이 세상을 주님께서 그대로 받아주셨듯이
저도 이 세상을 그대로 받아들이게 하옵소서.
제가 하나님의 뜻에 순종하기만 한다면
하나님께서 모든 것을 바르게 인도하실 것을 믿게 하옵소서.
그리하여 이 세상의 삶에서 합당한 행복을 누리고
다음 세상에서 주님과 함께 영원히 최상의 행복을 누리게 하

옵소서.

나가는 말

열등감을 감추고 살 수는 없다. 설령 가능하다고 해도 고통스러운 삶이 된다. 따라서 우리는 열등감을 감추기보다는 열등감을 이겨야 한다. 애들러는 "인간의 가장 놀라운 특성 가운데 하나는 네거티브$^{neg-ative}$를 포지티브^{positive}로 바꾸는 힘이다"라고 하였다. 인간은 열등감을 긍정적 자원으로 바꾸는 힘을 발휘할 수 있다. 하물며 하나님 안에서 하나님의 백성은 충분히 열등함을 극복할 수 있다. 골리앗에게 다윗은 싸움의 상대가 되지 않았다. 이스라엘 백성들은 그의 장대함 때문에 모두 무서워 떨었다. 그러나 다윗은 선포한다. "너는 칼과 창과 단창으로 내게 나아 오거니와 나는 만군의 여호와의 이름 곧 네가 모욕하는 이스라엘 군대의 하나님의 이름으로 네게 나아가노라"$^{삼상 17:45}$. 이스라엘 백성들은 골리앗이 너무 커서 능히 그와 싸워 이길 수 없다$^{too\ big\ to\ beat}$며 두려워했을 것이다. 반면에 다윗은 골리앗이 너무 크기 때문에 물맷돌이 그 목표물을 놓칠 수 없도록$^{too\ big\ to\ miss}$ 하나님께서 능히 하실 것이라고 믿었을 것이다. 열등감의 사람과 믿음의 사람의 다른 관점은 이렇듯 엄청난 결과의 차이를 만들어낸다. 우리는 만군의 여호와의 이름으로 나아갈 때에만 두려움을 이기고, 열등함을 넘어 진정한 자신의 능력을 발휘할 수 있다.

3장

—

용서와 분노

A. 용서

　　용서는 일반 상담에서도 중요한 개념이지만 기독교 신앙에 있어서는 핵심 개념이라고 볼 수 있다. 그러나 용서는 간단하지도 쉽지도 않다. 왜냐하면 "용서하라"라는 당위를 설명하는 것과 "용서하는 삶"의 실천은 전혀 다른 차원이기 때문이다.

　　한자어인 용서는 '얼굴 용'容과 '용서할 서'恕를 사용한다. 다양한 용례가 있지만 '용서'에서 '얼굴 용'은 '받아들인다'라는 뜻이다. 이것은 용서가 얼굴과 연관이 있으며, 상대방을 받아들이지 않을 경우용서하지 않을 경우에는 얼굴조차 안 본다는 뜻을 담고 있다.

　　구약에서 용서로 번역되는 단어들로는 'salah' 주로 '들어올림으로 가볍게 한다', 'kapar' 악행을 덮다, 악행에 대해 보상하다, 'nasa' 죄를 들어 올려 없애버리다 등이 있다. 반면 신약에서 '용서하다'로 번역되는 주요 단어는 'aphiemi' '죄를 보내어 버린다', '하나님의 형벌은 면제된다', '하나님과 전에는 죄인이었던 자와의 좋은 관계성이 회복된다', 'charizomai' 대가 없이 호의를 베풀다, 'apolui' 준 사법적 행위로서 면제하다, 'agape' 무조건적으로 자선 또는 자비로운 마음으로 사랑하다 등이다. 신구약에서 용서에 대하여 이렇게 다양한 단어들이 사용되는 것은 그만큼 용서가 핵심적인 개념임을 보여주는 것이다. 그 의미를 정리하면 용서는 죄에 대한 면제와 하나님의 사랑과 밀접한 관계가 있다.

찰스 스탠리 Charles Frazier Stanley 목사는 용서를 "당신에게 그릇된 행위를 한 누군가를 당신에 대한 의무감이나 부담감으로부터 자유롭게 해 주는 행위"로 정의한다. 즉 용서란 의무감이나 해로부터 자유롭게 해주는 것으로 보고, "가해자"에게 더 초점을 맞춘다. 반면에 아놀드 Arnold Bennett 는 "용서한다는 것은 의식적인 결단을 통해 증오하는 행위를 멈추는 것을 의미"한다고 보았고, 크랩 Lawrence J. Crabb 은 "용서란 내게 빚을 졌거나 나를 기분 상하게 하는 사람에게서 갚음을 요구하지 않는 것에서부터 시작된다"라고 설명한다. 이들은 피해자라고 여겨지는 사람이 가해자에게 갚을 것을 요구하지 않는 행위에 초점을 맞춘다. 그러므로 "용서란 한 사람이 자기를 다른 사람과 동일시하는 것에서 발생하는 연민의 행동이다. 그것은 두 사람이 사랑으로 동일시하는 태도로 다른 사람의 범죄에 반응하는 자이면서 동등하게 오류를 범하기 쉬운 사람들이라는 것을 암시한다"맥민 & 채규만. 또한, 용서를 관계라는 측면에서 보면 가해자와 피해자 사이에 새로운 관계를 정립해가는 과정으로 볼 수 있다. 볼스윅 Jack & Judieth Balswick 은 "가족 간에 용서를 주고받는 것이 쌍방 간의 미해결된 문제를 명확하게 해서 새롭게 변화해 가는 가장 중요한 부분"이라 주장하면서 용서란 "두 사람 사이의 과정"a two-way process 이라고 강조한다.

이처럼 용서의 개념에는 가해자, 피해자, 그리고 두 사람 사이의 관계와 밀접하게 연관이 있고, 어디에 초점을 맞추느냐에 따라 그 정의와 적용 방법도 달라질 수 있음을 보여준다. 씨맨즈 David A. Seamands 는 이와 같은 내용을 다음과 같이 요약한다: "내가 용서를 하는 주체가 되는 능동체로 말하는 경우, 그것은 내가 내게 잘못을 행한 그 누군가를 용서한다는 의미이다. 또 내가 용서를 받는 객체가 되는 수동태로 말하는 경우, 그것은 내가 내 잘못에 대해 하나님 그리고 다른 그 누구에게 용서를 받는다는 의미이다. 그리고 내가 용서를 하는 주체가 되기도 하고 용서를 받는 객체가 되기도 하는 재귀형태로 말하는 경우, 그것은 내가 나 자신의 잘못에 대해 나 자신을 용서한다는 의미이다. 성경에서는 이러한 여러 가지 의미의 용서가 상호 간에 밀접한 관련을 가진 것으로 나타난다."

용서의 삼위 하나님

기독교인으로서 "용서"를 분명히 이해하려면 먼저 용서의 주체로서의 삼위 하나님을 알아야만 한다.

1) 용서를 시작하신 성부 하나님

하나님께서는 죄인들이 회개하고 "악인은 그의 길을, 불의한 자는 그의 생각을 버리고 여호와께로 돌아오라 그리하면 그가 긍휼히 여기시리라 우리 하나님께로 돌아오라 그가 너그럽게 용서하시리라"사 55:7라고 말씀한다. 용서를 시작하신 성부 하나님이시다. 예수님의 탕자의 비유에서 유산을 미리 받아 집을 떠난 자식이 돌아오기를 문 밖에 나와 기다리시며 측은히 여기시며, 결국 다 탕진하고 돌아오는 아들을 용납하는 용서하고 받아주는 아버지는 바로 하나님 아버지를 상징한다고 볼 수 있다눅 15:11-32. 범죄한 아담을 부르시며 "네가 어디 있느냐"창 3:9라고 찾으시는 하나님은 용서의 하나님이시다. 왜냐하면, 용서는 먼저 다가가는 것이기 때문이다.

2) 용서를 성취하신 성자 하나님

예수님께서는 억울하게 십자가에 달리시면서도 "아버지 저들을 사하여 주옵소서 자기들이 하는 것을 알지 못함이니이다"눅 23:34라고 기도한다. 예수님께서는 용서의 십자가를 지셨고, 십자가상에서 용서를 성취하신 "세상 죄를 지고 가는 하나님의 어린 양"요 1:29으로서의 성자 하나님이시다. 성부 하나님께서는 성자 하나님, 그리스도 안에서 우리를 용서하셨다. 그러므로 성경은 "서로 용서하기를 하나님이 그리스도 안에서 너희를 용서하심과 같이 하라"엡 4:32라고 말씀한다.

3) 용서의 삶을 가능케 하시는 성령 하나님

또한 성령님께서는 하나님의 백성이 용서의 삶을 살기를 원하시며 용서를 가능케 하신다. 악독과 분냄 등은 성령님을 근심시키는 것이며, 서로 인자하게 하며 불쌍히 여기며 서로 용서하는 것은 성령님께서 기뻐하시는 것이다 엡 4:30-32. 초대교회에서 사도 베드로는 "너희가 회개하여 각각 예수 그리스도의 이름으로 세례를 받고 죄 사함을 받으라 그리하면 성령의 선물을 받으리니" 행 2:38 라고 외쳤다. 용서를 받는 것은 성령을 선물로 받는 전제 조건이기도 하지만, 동시에 성령의 선물을 받은 증거가 용서받은 것을 발견하는 것이라는 의미도 된다. 성령 하나님께서는 용서를 기뻐하시고, 용서의 삶을 살도록 인도하신다.

일상생활에서 용서를 실천하기

실제의 삶에서 용서를 실천하며 살기는 쉽지 않다. 성경에서는 용서의 사람 요셉으로부터 용서의 실천을 배울 수 있다.

형들의 미움을 받아 애굽에 팔려갔던 요셉은 죽음의 고비를 넘어 애굽의 총리에 오른다. 기근을 피하여 애굽으로 피하였다가 형들은 동생 요셉이 총리인 줄 알고 크게 두려워하였다. 아버지 야곱을 모시고 애굽으로 온 가족들이 이주하여 기근을 피하였지만, 그 형들은 아버지 야곱이 죽었을 때에 "요셉이 혹시 우리를 미워하여 우리가 그에게 행한 모든 악을 다 갚지나 아니할까"^{창 50:15}하고 또다시 두려워한다. 그리고 그 형들은 동생 요셉에게 아버지의 유언이니 그들의 허물과 죄를 용서하라고 요청한다^{창 50:16-17}. 요셉은 그 말을 들을 때에 울면서 그들을 위로하였다. "…두려워하지 마소서 내가 하나님을 대신하리이까 당신들은 나를 해하려 하였으나 하나님은 그것을 선으로 바꾸사 오늘과 같이 많은 백성의 생명을 구원하게 하시려 하셨나니 당신들은 두려워하지 마소서 내가 당신들과 당신들의 자녀를 기르리이다 하고 그들을 간곡한 말로 위로하였더라"^{창 50:19-21}. 요셉의 용서의 삶에서 배울 수 있는 용서의 원리가 있다.

1) 용서는 명령이므로 선택하기

사회에서의 용서 기준은 "자신을 위하여"가 먼저이다. 그러나 그리스도인에게 요구되는 용서는 하나님께서 예수 그리스도 안에서 우리를 용서하신 것처럼 용서하는 것이다^{엡 4:32; 골 3:13}. 용서는 하나님의 명령에 대한 겸손한 복종이며, 하나님께서 우리를 용서하신 것처럼, 그것에 감사하는 탁월한 용서를 베풀어야 한다. 예수님께서는 탕감받은 빚진 자의 비유에서 "악한 종아! 네가 빌기에 내가 네 빚을 전부 탕감하여 주었거늘 내가 너를 불쌍히 여김과 같이 너도 네 동료를 불쌍히 여김이 마땅치 아니하냐?"^{마 18:32-33}라고 말씀하신다. 이 말씀도 우리는 이미 용서받은 자이므로 용서해야만 한다고 강조한다. 따라서 용서의 황금률은 "'다른 사람이 당신에게 해 주기를 원하는 그대로 다른 사람에게 행하라'라는 것이 아니라, '하나님이 그리스도 안에서 당신에게 행하신 그대로 다른 사람에게 행하라'라는 것이다"^{씨맨즈}.

용서는 자연스러운 것이 아니다. 따라서 용서는 의지적 선택이 있어야 한다. 용서는 피해자의 입장에서 가해자에게 복수할 권리를 포기하고 용서하기로 선택하는 것으로부터 시작된다. 그렇기에 요셉은 자신이 하나님을 대신할 수 없다고 말한다. "용서하라"라는 하나님의 명령에 순종할 것이냐 불순종할 것이냐의 선택만 있을 뿐이다. 용서를 선택한다는 것은 복수할 권리가 자신에게 없다는 것을 인정하는 것이다. 요셉은 애굽에서 형들과 상봉하기 전부터, 이미 그 전에 그들을 용서하였음을 알 수 있다. 왜냐하면 그가 맏아들을 낳았을 때에 그 이름을 므낫세, 즉 "하나님이 내게 내 모든 고난과 내 아버지의 온 집 일을 잊어버리게 하셨다"^{창 41:51}라는 뜻으로 지었기 때문이다. 그는 부모와 함께 있을 때 형들에게 당했던 일들조차 잊기로, 용서하기로 했다는 것이다. 요셉은 용서를 선택한 용서의 사람이었다.

2) 용서는 과정이므로 서서히 용서하기

용서를 선택했다고 해서 일순간에 용서가 완성되는 것은 아니다. 마치 죄를 고백하고 예수님을 구주로 영접함으로 의롭게 되어졌으나 의인이 되지 않은 것과 마찬가지이다. 성화가 하나님의 성품을 닮아가는 일생의 과정이듯 용서 또한 서서히 완성되어져 가는 단계와 과정을 지나가야 한다. 요셉은 형들을 다시 만나게 되었을 때 몇 번에 걸쳐서 형들을 시험한다. 과연 그들의 말이 진실인지 확인하면서 용서의 계단을 오른다. 때로는 용서를 선택하고 선포하지만, 그 용서는 몇 가지 단계를 거친다. 엔라이트^{Robert D. Enright}는 용서는 선택이며 과정으로 4단계를 포함한다고 설명한다. 첫 번째, 분노 발견하기 단계^{고통에 정직하기}에서 용서하기로 결심하는 두 번째 단계^{과거로부터 돌아서기, 미래를 바라보기, 용서의 길을 선택하기}, 용서하기 위한 작업을 시도하는 세 번째 단계^{구체적인 행동을 취한다}와 마지막으로 감정적 감옥^{용서할 수 없음, 비통함, 복수심, 분노}에서 해방되기 등의 네 단계 과정이다. 용서가 과정임을 인식하게 되면, 그 과정의 어려움에서도 견디고 나아가 결국 용서의 사람으로 변화될 수 있다.

용서의 전문가는 없다. 그러나 용서는 과정이며 기술이기 때문에 적절한 지침을 따라가면 용서가 점점 쉬워지고, 용서의 복을 누릴 수 있다. 용서의 삶을 살다가 실패한 것 같을 때에라도 다음과 같은 사실을 기억하며 다시 시작해야 한다. 풀러 신학교 교수였던 스미디즈^{Lewis B. Smedes}는 이렇게 용서의 삶을 살도록 격려한다. "만일 용서하고자 한다면, 비록 오늘 용서하고 내일 미워하다가 그 다음 날 다시 용서하게 될지라도, 당신은 용서하는 사람이다. 우리들 대부분은 용서의 전문가가 아니다. 그러므로 때로는 형편없는 짓도 한다. 그게 어떻단 말인가? 용서의 게임에서는 아무도 전문가가 될 수 없다. 우리는 모두 시작하는 사람들이다."

3) 적극적으로 선을 베풀기

용서의 자세는 중심으로 형제를 용서하는 것이다^{마 18:35}. 또한, 우리가 용서하여야 하나님의 용서가 유효하다. 왜냐하면, 성경은 "용서하라 그리하면 너희가 용서를 받을 것"^{눅 6:37}이라고 말씀하기 때문이다. 따라서 용서는 보다 적극적이어야 한다.

용서의 사람 요셉은 형들의 허물과 죄를 용서했을 뿐 아니라 적극적으로 선을 베풀었다. 형들이 재차 용서를 구할 때에 "내가 당신들과 당신들의 자녀를 기르리이다 하고 그들을 간곡한 말로 위로"^{창 50:21}하였다. 요셉은 단순히 용서의 선언뿐 아니라 그들을 돌보고 위로하며 적극적으로 선을 베푼다. 용서는 받아야 할 빚을 받기를 포기하는 것이다. 예수님께서는 "우리가 우리에게 죄 지은 자를 사하여 준 것 같이 우리 죄를 사하여 주시옵고"^{개정 주기도문: "우리가 우리에게 잘못한 사람을 용서하여 준 것 같이 우리 죄를 용서하여 주시고"}라고 기도를 가르쳐 주셨다. 잘못과 죄를 영어에서는 '빚'^{debt}으로 번역한다. 받아야 할 것을 받지 않는 것이 용서의 시작이라면 선을 베푸는 것은 적극적 용서라 볼 수 있다. 이것은 마치 "내게 상처를 주고도 사과하지 않는 사람을 용서"하는 것과 같이 심히 어려운 일이다. 그럼에도 불구하고, 적극적으로 선을 베풀므로 용서의 삶을 살 수 있다.

자신을 용서하기

우리 자신도 용서받아야 할 존재라는 것을 기억해야 한다. 하나님을 대신할 수 없다는 것은 자기 자신도 여전히 하나님의 용서하심이 필요한 존재라는 것을 전제로 한다. 나아가 다른 사람들에게 악을 행하고 상처를 준 나 자신도 용서받을 대상이기에 용서를 베풀어야 한다. 요셉은 형들과 부모 앞에서 괜히 꿈 자랑을 하여 이 어려움을 겪는다고 자신을 탓하며 일생을 비극적으로 살 수도 있었을 것이다. 그래서 자신을 자책하고 무가치하게 여기고, 죄를 반복하여 지으며 고통 가운데 살아가는 사람들이 있다. 탕자는 배고픔과 궁핍 가운데 자신의 죄와 잘못된 과거의 선택을 후회하며 자책함에 머물지 않고, 오히려 아버지의 풍요로움과 긍휼을 기억한다. 그리고 "이에 스스로 돌이켜 이르되 내 아버지에게는 양식이 풍족한 품꾼이 얼마나 많은가… 내가 일어나 아버지께 가서 이르기를 아버지 내가 하늘과 아버지께 죄를 지었사오니"눅 15:17-18라고 말하리라 결심한다. 그는 이미 자신의 잘못을 스스로 돌이키며 용서하고, 아버지의 용서하심을 구한다. 때로는 과거의 고초와 아픔의 기억이 낙심케 하지만 오히려 소망이 있는 것은 하나님의 인자와 긍휼이 무궁하심으로 우리가 진멸되지 아니한다애 3:19-22는 믿음 때문이다. 하나님의 사랑과 긍휼을 의지하여 담대하게 자신을 용서해야 할 때가 있다.

나가는 말

그리스도인은 용서의 능력을 개발하고 유지해야만 한다. 그렇지 않으면 부정적 감정의 찌꺼기가 우리를 고통과 상처 속에, 그리고 과거의 아픈 경험 속에 계속 머물게 만든다. 용서하지 않고 사는 것은 불행한 삶이다. 또한, 용서받지 못한 삶은 고통 뿐이다. 일상생활에서 우리는 용서를 시작해야 하며, 동시에 용서를 경험해야 한다.

B. 분노

화火의 사전적 정의는 "몹시 못마땅하거나 언짢아서 나는 성"이다. '화를 낸다'라고 할 때 한자어 '불 화'火를 쓰는데 그것은 화기火氣의 준말로 알려져 있다. 명확하진 않지만, 화와 불은 상관관계가 있는 것처럼 보인다. 성경에서도 분노의 불로 표현하고, 불사르고 불타게 하는 것으로 묘사한다신 32:20-22. 비슷한 용어로는 분노, 분, 성, 울분, 울화, 진노 등 주로 격한 감정을 표현하는 많은 단어들이 있다. 화는 비교적 짧고 일시적으로 내는 성인데 비해, 분노는 비교적 중대하고 오래된 성을 뜻하는 것으로 분류하기도 한다. 여기에서는 못마땅하거나 언짢아서 나는 성을 통칭 '분노'라는 용어로 표현할 것이다.

헬라어에서 분노를 의미하는 대표적 단어로는 '쒸모스'θυμός와 '오르게'ὀργή가 있다. 일시적으로 잠시 발끈하는 분노와 서서히 오래 지속되는 분노로 나누기도 하지만 신약에서 두 단어는 동의어처럼 사용된다. 따라서 인간의 분냄과 하나님의 진노를 표현할 때도 두 단어는 모두 사용되고 있다.

구약에서는 분노를 뜻하는 히브리어 단어는 주로 '아나프'אנף라는 단어를 사용하고 하나님의 진노를 표현한 경우가 대부분이다. 이 단어는 '코'를 뜻하는 '아프'אף에서 왔는데, 따라서 분노는 코와 연관이 있다고 볼 수 있다. 사람이 화가 나고 분노하게 되면 콧구멍이 벌어지거나 콧바람이 나오면서 씩씩거리며 호흡이 가빠지기 때문이다.

아무리 성숙한 사람도 분노하지 않고 살 수는 없다. 때로는 분노가 치밀어 오르고 화를 참을 수가 없는 상황일 때가 있다. 문제는 어떻게 그 분노를 표현하느냐에 따라 그 사람의 성숙도가 드러난다는 점이다.

성경 속의 분노 이야기

형 가인과 동생 아벨은 하나님께 제사를 드렸다. 성경은 명확한 이유를 설명하지는 않는데, 하나님께서는 가인의 제물을 받지 않으셨다. 이에 가인은 몹시 분하여 안색이 변했다창 4:6. 하나님께서는 가인에게 말씀하신다. "네가 분하여 함은 어찌 됨이며 안색이 변함은 어찌 됨이냐 네가 선을 행하면 어찌 낯을 들지 못하겠느냐 선을 행하지 아니하면 죄가 문에 엎드려 있느니라 죄가 너를 원하나 너는 죄를 다스릴지니라 가인이 그의 아우 아벨에게 말하고 그들이 들에 있을 때에 가인이 그의 아우 아벨을 쳐죽이니라"창 4:6-8. 가인은 하나님 앞에 거룩한 제사를 드렸지만, 결국은 그의 분냄이 동생을 죽이는 살인 사건으로 비화^{飛火}했다. 즉 비화라는 한자의 뜻처럼 화^火가 타올라서 그를 파멸로 이끌었다고 볼 수 있다.

에서는 장자의 축복을 가로챈 동생에 대한 미움이 가득해서 그를 죽이므로 한을 풀려고 했다. 그것을 알게 된 어머니 리브가는 아들 야곱에게 이렇게 말한다. "… 네 형 에서가 너를 죽여 그 한을 풀려 하니 내 아들아 내 말을 따라 일어나 하란으로 가서 내 오라버니 라반에게로 피신하여 네 형의 노가 풀리기까지 몇 날 동안 그와 함께 거주하라 네 형의 분노가 풀려 네가 자기에게 행한 것을 잊어버리거든 내가 곧 사람을 보내어 너를 거기서 불러오리라 어찌 하루에 너희 둘을 잃으랴"^{창 27:42-45}. 형 에서의 분노는 동생 야곱을 향하여 미움으로, 그 미움^恨에서 죽이겠다는 복수심으로 점점 발전해 간다.

회심 전에 사울^{바울}은 스데반의 순교를 마땅한 것으로 여겼다^{행 8:1}. 나아가 교회를 잔멸하기 위해 각 집에 들어가 남녀를 끌어다가 옥에 넘겼다^{행 8:3}. 그의 마음은 분노로 가득 찼고, 결국은 살기가 등등해서 교인들을 잡으러 다녔다^{행 9:1}. 그의 분노는 행동으로 옮겨져서 교회를 박해하고 성도들을 죽이기 위해 먼 길을 마다하지 않을 정도로 분주하였다.

예수님의 제자인 야고보와 요한 형제는 '보아너게 곧 우레의 아들'^{막 3:17}이라 불려졌다. 아마도 급하게 화를 내는 과격한 성격 때문에 붙여진 별명인 듯하다. 그렇기에 예수님과 함께 사마리아를 지날 때에 환영받지 못하자 그들은 "주여 우리가 불을 명하여 하늘로부터 내려

저들을 멸하라 하기를 원하시나이까"^{눅 9:54}라고 말했다. 야고보와 요한은 우레의 아들이라는 별명처럼 그들의 분노를 불의 심판으로 요청할 때, 예수님께서는 그들을 책망하셨다^{눅 9:55-56}.

예수님의 '탕자의 비유'에서 집에 있던 장자는 돌아온 동생을 아버지가 환영하는 모습을 보면서 분노하여 아버지께 불평을 한다. "그가 노하여 들어가고자 하지 아니하거늘 아버지가 나와서 권한대 아버지께 대답하여 이르되 내가 여러 해 아버지를 섬겨 명을 어김이 없거늘 내게는 염소 새끼라도 주어 나와 내 벗으로 즐기게 하신 일이 없더니 아버지의 살림을 창녀들과 함께 삼켜 버린 이 아들이 돌아오매 이를 위하여 살진 송아지를 잡으셨나이다"^{눅 15:28-30}. 그는 화가 나서 동생이라 부르지 않고 '이 아들'이라 지칭한다.

이처럼 성경 속에 분노의 사건들을 보면 분노는 미움과 살인으로, 유해한 감정에서 파괴적 행동으로 점점 발전해 가는 것을 볼 수 있다. 작은 불씨가 큰 불로 번져 가듯, 작은 분노도 방치하면 가족과 친밀한 관계를 파괴할 뿐 아니라 분노하는 자신을 파멸로 이끎을 알 수 있다.

거룩한 분노와 파괴적 분노

구약에는 하나님의 백성들이 우상숭배하고 하나님의 명령을 거역할 때 그들을 향한 하나님의 분노가 자주 등장한다^{출 32장; 민 25장; 신 2:15, 4:25, 9:19, 31:29; 삿 2:14; 왕상 11:9, 14:9; 왕하 17:18}. 그런데 이러한 하나님의 분노는 인간의 분노와 구별된다. 왜냐하면, 인간의 회개와 돌이킴을 위한 거룩한 진노이기 때문이다. 또한, 하나님은 자비와 긍휼이 무한하시며 노하기를 더디 하시는 하나님이시다시 103:8; 사 48:9; 욘 4:2; 나 1:3. 그뿐만 아니라 하나님께서는 약자들인 고아들과 과부들을 부당하게 대하는 것과 사회적인 악과 불의에 대해서도 분노하셨다출 22:22-24; 사 1:15-17; 렘 5:28; 암 5:7,10-12; 미 3:1.

예수님께서도 의분을 표현하셨다. 성전 안에서 소와 양과 비둘기 파는 사람들과 돈 바꾸는 사람들이 앉아 있는 것을 보시고 노끈으로 채찍을 만들어 내쫓으시고 돈을 쏟으시며 상을 엎으셨다요 2:14-15. 제자들이 그 모습을 보면서 "주의 전을 사모하는 열심히 나를 삼키리라"요 2:17라는 성경 말씀을 떠올렸다. 또한, 유대인들이 안식일에 병든 자를 고치시는지 예수님을 주시할 때 예수님께서는 그들의 마음이 완악함을 탄식하사 노하심으로 그들을 둘러 보셨다막 3:5. 예수님께서는 불의에 대해 분노하셨지만, 그분에게는 죄가 없으셨다. 따라서 히브리 기자는 "모든 일에 우리와 똑같이 시험을 받으신 이로되 죄는 없으시니라"히 4:15라고 말씀한다. 예수님은 우리와 똑같이 분노를 느끼셨지만, 그러나 죄 된 생각과 행동으로 옮기시지 않으셨다는 것이다. 예수님은 오히려 모든 것을 불사르게 되는 심판과 멸망의 날이 이르기 전에 우리가 회개하고 돌아서기를 위해 하루가 천년 같이, 천년을 하루 같이 오래 참으시는 분이시다벧후 3:7-13. 또한, 성령님께서도 시기하기까지 우리를 사모하신다약 4:5. 우리의 무반응과 완악함에도 불구하고 성령님께서는 우리가 회개하고 돌아서기를 질투하기까지 기다리시는 분이시다. 따라서 삼위 하나님의 분노는 오래 참음과 사랑에 근거한, 죄에 대한 거룩한 반응이시다.

하나님의 분노는 거룩한 분노인데 비해서 사람의 분노는 파괴적 분노이다. 모세는 하나님과 대면하였던, 이스라엘의 최고의 선지자였다. 그렇기에 성경은 "그 후에는 이스라엘에 모세와 같은 선지자가 일어나지 못하였나니 모세는 여호와께서 대면하여 아시던 자요" ^{신 34:10} 라고 기록한다. 그러나 모세는 우상을 만든 이스라엘 백성에게 격분하여 십계명이 쓰여진 돌판을 부숴버렸다 ^{출 32:19}. 그뿐만 아니라, 그는 때때로 격분하여 하나님의 의를 약화시켰고, 분노하여 반석을 두 번 침으로 하나님의 거룩함을 손상시켰다. 결국은 가나안으로 들어가지 못하게 된다 ^{민 20:10-13}. 또한 다윗은 하나님의 마음에 맞는 사람 ^{행 13:22} 이었지만, 하나님의 궤를 옮기던 웃사가 죽임을 당했을 때 하나님께 분노하였다 ^{삼하 6:6-10}. 이처럼 아무리 위대한 영웅 일지라도 사람의 분노는 하나님의 의와 온전함을 이룰 수가 없다. 따라서 거룩한 하나님의 분노와 파괴적인 인간의 분노를 비교한다면 목적적인 분노인가, 통제가 되고 있는가, 증오나 원한을 갖고 있는가, 파괴적 행동을 막기 위한 것인가, 관계를 세우는가 아니면 파괴하는가 등에서 분명하게 구별된다.

일상생활에서 분노를 극복하기

사도 바울은 에베소 성도들을 향하여 "분을 내어도 죄를 짓지 말며 해가 지도록 분을 품지 말고 마귀에게 틈을 주지 말라"엡 4:26-27라고 말씀한다. 분노 그 자체는 죄가 아니다. 살면서 우리는 다양한 이유로 분노를 느낄 수 있다. 그런데 그 분노를 해가 지도록 품고 있으면 마귀에게 틈을 줄 수 있는 강력한 무기로 변한다. 따라서 우리는 어떻게 죄를 짓지 않고 적절하게 분노를 다룰 수 있을까 고민하여야 한다.

1) 분노의 감정을 인정하기

분노의 감정을 무시하려 하거나 부인하지 말아야 한다. 분노의 감정도 하나님께서 우리에게 주신 감정 중 하나이다. 풀러 신학교 교수였던 루이스 스미드는 "분노는 우리가 생존하고 있으며 건강하다는 신호다. 그러나 미움은 우리가 병들었으므로 치유를 받아야 한다는 신호다. 건전한 분노는 사태를 개선하도록 활기를 넣어 준다. 그러나 미움은 사태를 더욱더 악화시킬 뿐이다"라고 말한다. 분노를 느끼는 것은 아직 살아있다는 증거이다. 그러나 분노의 감정을 인식하면서도 그 감정에 지배당하지 말아야 한다. 부정적 분노에 이끌리지 않으려면 분노가 어디에 뿌리를 두고 있는지를 반추해야 한다. 욕구가 좌절되거나 부당한 대우를 받을 때 상처를 받으며 분노하고 화를 낸다.

사람들은 분노할 때 화가 난다는 사실을 부인하거나, 폭발적으로 표출하거나, 아니면 침묵으로 일관한다. 그리고 마음속 깊은 곳에서는 분노심이 죄악이라 생각하고 자신을 정죄한다. 분노의 감정은 주로 부모나 어렸을 적에 무서웠던 사람들이 모델이 되어 그것을 의식적이든

무의식적이든 답습한다. 하나님께서는 분노를 정죄하시는 것이 아니라, 하나님의 다스리심이 없이는 분노를 주체할 수 없음을 인정하도록 우리를 부르신다. 우리의 과거 경험과 현재의 분노심이 우리를 지배하지 않도록 하나님의 신실하심을 신뢰할 때 우리는 정당하게 분노와 맞설 수 있다.

2) 복수할 권리를 포기하기

우리는 분노의 대상에게 직접 응징하고 복수하려는 경향이 있다. 분노의 감정은 우리를 심판자가 되게 한다. 그러나 우리는 직접 하나님 앞에 서서 우리가 한 일을 직고해야 하는 피조물이며 죄인이다. "이러므로 우리 각 사람이 자기 일을 하나님께 직고하리라"롬 14:12. 그뿐만 아니라 우리가 다 반드시 그리스도의 심판대 앞에 나타나게 되어 각각 선악간에 그 몸으로 행한 것을 따라 받게 된다고후 5:10. 따라서 분노의 대상에 대한 복수할 권리를 포기하고 하나님께서 직접 처리하시도록 위임해야 한다. 성경은 우리가 친히 원수를 갚지 말고 하나님의 진노하심에 맡기라고 말씀하신다. 왜냐하면 원수 갚는 것이 하나님께 있고 하나님께서 갚을 것이라고 말씀하시기 때문이다. "내 사랑하는 자들아 너희가 친히 원수를 갚지 말고 하나님의 진노하심에 맡기라 기록되었으되 원수 갚는 것이 내게 있으니 내가 갚으리라고 주께서 말씀하시니라 네 원수가 주리거든 먹이고 목마르거든 마시게 하라 그리함으로 네가 숯불을 그 머리에 쌓아 놓으리라 악에게 지지 말고 선으로 악을 이기라"롬 12:19-21.

3) 분노 목록을 작성하고 유순한 언어로 표현하기

오랫동안 분노를 담고 있으면 사탄에게 공격할 틈을 주는 것이다. 그러므로 성경은 해가 질 때까지 분을 품지 말라고 명령한다. 따라서 매일 잠자리에 들기 전에 분노를 정산해야 한다. 분노를 밤까지 품지 않고, 하루를 넘기지 않도록 작심해야 한다. 하루의 분노는 한 날에 족하다. 그렇게 하기 위해서는 자신을 분노하게 만든 사건, 분노의 정도 1-10, 분노 표현과 해결 등에 대해 기록해야 한다. 분노 일지를 2-3주 적어가다 보면 어떨 때 화가 나는지, 그리고 그 분노의 강도가 어떠한지를 인식하게 된다. 그러면 서서히 분노와 결별을 시작할 수 있다. 분노는 일어난 사건보다는 그것에 대한 해석에 기초할 때가 많다. "남편이 전화를 하지 않고 늦게 집에 돌아왔다"라는 사건이 화가 나는 것이 아니라 "얼마나 나를 우습게 생각했으면 전화하는 것을 잊어버렸을까"라는 무시당했다는 해석이 분노하게 한다. 또한 화를 표현하는 빈도가 많아질수록 점점 더 파괴적 언행으로 발전하게 된다. 분노의 충동적 표출을 차단하기 위해서는 초기에 분노가 고조되는 것을 인식해야 한다. 그러므로 잠언 기자는 다음과 같이 기록하였다. "노하기를 속히 하는 자는 어리석은 일을 행하고 악한 계교를 꾀하는 자는 미움을 받느니라"잠 14:17. "분을 쉽게 내는 자는 다툼을 일으켜도 노하기를 더디 하는 자는 시비를 그치게 하느니라"잠 15:18. 또한 "미련한 자는 분노를 당장 나타내거니와 슬기로운 자는 수욕을 참느니라"^{잠 12:16}. 분노를 쉽게 내지 않고 오래 견디는 사람이 싸움을 그치게 할 수 있다.

분노를 쉬게 하려면 유순한 말을 하여야 한다. 성경은 "유순한 대답은 분노를 쉬게 하여도 과격한 말은 노를 격동하느니라"^{잠 15:1}라고 말씀한다. 유순하다는 것은 부드럽게, 온유하게 대답한다는 뜻이다. 분노는 영성과 함께 간다, 바울 사도는 디모데에게 "그러므로 각처에서 남자들이 분노와 다툼이 없이 거룩한 손을 들어 기도하기를 원하노라"^{딤전 2:8}라고 권면한다. 거룩함과 기도는 분노와 다툼을 정당하게 다루는 것이 전제되어야 하고, 그것은 특별히 남성들에게 요구되는 영성의 삶이다.

나가는 말

한국인에게는 홧병이란 말이 있다. 마음에 나는 분노와 화불는 병이 되어 마음을 불태우고 자신을 불태운다. 그렇기에 성경은 "우리 중에 누가 삼키는 불과 함께 거하겠으며, 우리 중에 누가 영영히 타는 것과 함께 거하리요"^{사 33:14}라고 말씀한다. 또한 헬라어에 "화를 낸다"는 말의 어원은 동물을 유인하여 잡는데 사용하는 미끼라는 뜻과 연관이 있다. 분노는 우리를 죄와 파멸로 이끄는 미끼로 주로 사용된다. 분노하는 곳에 죄가 늘어난다. "노하는 자는 다툼을 일으키고 성내는 자는 범죄함이 많으니라"^{잠 29:22}. 화를 내고, 분노하지 않으며 살 수는 없겠지만 그것이 자신을 파괴하는 에너지로 사용되지 않도록 다스려야 할 책임과 지혜가 있어야 한다. 사랑의 핵심 요소인 "오래 참음"도 헬라어에는 "분노로부터 멀리 떨어져 있음"을 뜻한다. 분노를 다스리지 못하면 사랑의 실천도 불가능하다. 풀러신학교 심리학대학원 학장이었던 아치볼드 하트는 그의 '숨겨진 감정의 회복'이라는 글에서 이와 같이 말한다.

> 당신이 자주 화내는 편이라면
> 당신은 자신이 느끼는 분노가
> 불필요한 경우가 많으며
> 지레짐작하는 태도를 조금만 바꾸면
> 분노에서 완전히 벗어날 수 있음을
> 발견하게 될 것이다.
> 기도시간, 묵상, 경건의 시간을 사용하여
> 좌절과 다른 사람들의 불완전함을 견디는
> 내성을 길러라.

4장

—

사랑과 미움

A. 사랑

유학 시절 리버티 신학대학원 유명한 타운즈Elmer Towns 학장의 '교회 성장' 과목을 수강할 때였다. 그는 하나님께서 각 사람에게 은사를 주셨다면서 앞자리에 앉아 있던 나를 향해 '네게 주신 은사는 무엇이냐?'고 물으셨다. 당황스러운 상황을 모면하고자 나는 급하게 답을 했다. '어쩌면 사랑?'maybe love? 이라고 했고, 그것으로 인해 스스로 부끄러워 한 학기 내내 교수님을 똑바로 쳐다볼 수 없었던 기억이 있다. 왜냐하면 공부하면서 사랑의 은사를 가진 사람은 테레사 수녀Mother Teresa 나 사랑의 원자탄 손양원 목사님 같은, 아주 특별한 소수의 사람들에게만 해당된다는 것을 알았기 때문이다. 당시 나는 사랑과 조그마한 동정과 연민을 혼동하고 있었다.

그러나 후에 공부를 더 하면서 사랑은 특별한 은사를 가진 특별한 사람들에게만 해당되는 것이 아님을 깨달았다. 사랑의 성부 하나님 요일 4:8, 16, 사랑의 성자 하나님 롬 8:35, 사랑의 성령 하나님 롬 15:30, 하나님은 사랑의 삼위일체이시다. 그 하나님께서 '사랑하라' 말씀하신다. 하나님께서 '사랑하라' 말씀하시는 것은 사랑할 수 있도록 하셨기 때문이다. 그러므로 성경은 "우리가 사랑함은 그가 먼저 우리를 사랑하셨음이라"요일 4:19라고 가르친다. 사랑할 수 있는 힘은 우리에게는 없지만 하나님께서 먼저 우리를 사랑하셨기 때문에 가능하다.

우리말에 사랑이라는 단어의 어원에 대해서는 세 가지 설이 있다. 하나는 '생각하다'생각할 사, 思에서 '사랑하다'가 파생되었다고 본다. 그래서 '사랑'이라는 뜻은 '애틋이 여기어 위하는, 생각하는 마음'으로 풀이한다. 또 하나는 '살다'불사르다, 燒의 '살'에 접미사가 붙어서 '살랑하다'가 왔고, 그 뜻은 '불을 사르는, 불이 타오르는 마음'으로 본다. 마지막으로 우리말의 사랑은 한자어 '사량'思量, 즉 '헤아려헤아릴 량, 생각하는생각할 사 것'과 연관이 있다고 본다. 다시 말하면 상대방을 헤아려 생각해주는 것이 사랑이라는 것이다. 정확한 어원은 모르지만 대략적으로 정리하면 사랑은 상대방을 헤아려 생각하는 마음과 불타오르는 마음으로 볼 수 있다. 다윗과 요나단의 사랑은 자기 생명을 사랑함 같이 사랑하는 사려 깊게 헤아리는 사랑이었다삼상 20:17. 아가서의 사랑은 불같이 타오르는 정열적인 사랑이었다. "너는 나를 도장 같이 마음에 품고 도장 같이 팔에 두라 사랑은 죽음 같이 강하고 질투는 스올 같이 잔인하며 불길 같이 일어나니 그 기세가 여호와의 불과 같으니라. 많은 물도 이 사랑을 끄지 못하겠고 홍수라도 삼키지 못하나니 사람이 그의 온 가산을 다 주고 사랑과 바꾸려 할지라도 오히려 멸시를 받으리라"아가서 8:6-7. 많은 물과 홍수라도 끌 수 없는 타오르는 불과 같은 정열적 사랑을 아가서 기자는 고백한다.

성경 속의 사랑 이야기

성경은 사랑의 이야기로 가득 차 있다. 하나님의 사랑, 예수님의 사랑뿐 아니라 부모의 사랑, 이성 간의 사랑, 친구 간의 사랑, 아름다운 사랑, 불편한 사랑, 불같은 사랑, 은은한 사랑 등 수많은 사랑의 이야기가 담겨있다. 크게 두 가지로 나누면 왜곡된 사랑과 진정한 사랑으로 구분할 수 있다.

1) 왜곡된 사랑

이삭과 리브가는 쌍둥이 자녀 중에, 이삭은 장남 에서를, 어머니는 야곱을 더 사랑하였다. 성경은 "이삭은 에서가 사냥한 고기를 좋아하므로 그를 사랑하고 리브가는 야곱을 사랑하였더라"^{창 25:28}라고 기록한다. 이러한 부부의 치우친 쌍둥이 사랑^{편애}은 형제 갈등을 증폭시켰고, 결국은 장자권과 부모의 축복으로 인해 쫓고 도망가는 관계가 된다. 그의 아버지가 그랬듯이 야곱은 가정을 이루고 후에 많은 자녀들을 얻고 그 가운데 11번째 아들 요셉을 편애한다. 야곱은 비록 노년에 얻은 아들이라 할지라도 여러 아들들보다 요셉을 더 사랑하므로 그를 위하여 채색옷을 지어주었다^{창 37:3}. 이러한 부모의 자녀 편애는 자식들 간의 반목과 갈등을 야기한다.

삼손은 들릴라라 하는 여인을 사랑하였고^{삿 16:4} 그 여인의 꼬임에 결국은 힘의 비밀을 누설하여 커다란 부끄러움을 당한다. 계속적인 이방 여인에 대한 삼손의 성적인 충동은 그의 사사로서의 사명과 나실인으로서의 서약을 떠나게 만들고 결국은 수치를 당하게 된다.

암논은 이복형제 압살롬의 누이 다말을 짝사랑하여 파리해져 가다가 상사병까지 생긴다. 하지만 간교한 방법으로 다말을 겁탈하여 성욕을 채우고는 미워하여 멀리함으로 훗날 형제간에 큰 싸움이 일어나게 된다^{삼하 13:1-19}.

왜곡된 사랑에 대해서 성경은 경고한다. 이 세상이나 세상에 있는 것들을 사랑치 말며, 세상에 있는 모든 것이 육신의 정욕, 안목의 정욕, 이생의 자랑^{요일 2:15-17}이라 말씀한다. 또한 말세에 고통하는 때가 이르면 사람들은 자기를 사랑하며 돈을 사랑하며 쾌락을 사랑하기를 하나님 사랑하는 것보다 더한다^{딤후 3:1-4}. 이어서 사도 바울은 함께 사역하다가 세상을 사랑해서 떠나간 제자들을 언급한다. "데마는 이 세상을 사랑하여 나를 버리고 데살로니가로 갔고 그레스게는 갈라디아로, 디도는 달마디아로 갔고 누가만 나와 함께 있느니라"^{딤후 4:10-11}.

왜곡된 사랑은 사랑의 대상인 사람을 성적 대상으로 비하한다. 또한 재물이 사랑의 대상인 사람보다 더 귀하게 여겨지고, 심지어는 자신의 쾌락 충족이 하나님 사랑보다 더 중요하게 여기는 가치의 왜곡이 일어난다. 인류의 종말은 이미 사랑의 왜곡으로 인한 마음의 부패로부터 시작된다.

2) 진정한 사랑

탕자의 비유는 언제 돌아올지 모르는 집 나간 아들을 묵묵히 기다리는 아버지의 사랑을 잘 보여 준다. 아직도 거리가 먼데 아버지가 그를 보고 측은히 여겼다는 것은^{눅 15:20} 아들을 문 앞에 나와서 기다려 왔음이 분명하다. 하나님 아버지께서는 천년이 하루같이 하루가 천년같이 우리 죄인을 오래 참고 기다리신다. "사랑하는 자들아 주께는 하루가 천 년 같고 천 년이 하루 같다는 이 한 가지를 잊지 말라 주의 약속은 어떤 이들이 더디다고 생각하는 것 같이 더딘 것이 아니라 오직 주께서는 너희를 대하여 오래 참으사 아무도 멸망하지 아니하고 다 회개하기에 이르기를 원하시느니라"^{벧후 3:8-9}. 하나님 아버지의 사랑은 회개를 기대하시면서 오래 참고 기다리시는 사랑이다.

다윗과 요나단의 우정어린 사랑처럼, 예수님께서는 "사람이 친구를 위하여 자기 목숨을 버리면 이에서 더 큰 사랑이 없나니 너희는 나의 명하는 대로 행하면 곧 나의 친구라"^{요 15:13-14}라고 말씀하셨다. 친구를 위해 자기 생명을 내어주는 사랑, 그 큰 사랑을 예수님께서는 우리에게 실천하셨다.

부부간의 사랑도 마찬가지이다. 바울 사도는 에베소 교인들을 향하여 "남편들도 자기 아내 사랑하기를 자기 자신과 같이 할지니 자기 아내를 사랑하는 자는 자기를 사랑하는 것이라"^{엡 5:28}라고 말씀한다. 아내를 향한 남편의 사랑은 그리스도께서 교회를 위해 자신을 주심같이 희생하는 사랑이어야 하며, 아내를 사랑하는 것이 바로 자기 자신을 사랑하는 것과 마찬가지라는 뜻이다. 하나님의 최초의 주례사 "남자가 부모를 떠나 그의 아내와 합하여 둘이 한 몸을 이룰지로다"^{창 2:24}는 말씀처럼, 진정한 부부관계는 하나가 되었기 때문에 아내 사랑과 남편 사랑은 자기 자신을 사랑하는 것이다.

자녀를 향한 부모의 사랑은 하나님 아버지께서 하나님의 자녀 된 우리를 어떻게 사랑하시느냐와 분리하여 생각할 수 없다. 예수님께서는 "너희가 악한 자라도 좋은 것으로 자식에게 줄 줄 알거든 하물며 하늘에 계신 너희 아버지께서 구하는 자에게 좋은 것으로 주시지 않겠느냐"^{마 7:11}라고 물으셨다. 즉 악한 부모도 자녀를 위해 좋은 것을 주려는 사랑의 동기를 갖고 있다는 것이다.

그러므로 진정한 사랑은 사랑장^{고전 13장}에 쓰여진 대로 오래 참음의 사랑과 생명을 주는 사랑, 희생하는 사랑, 선한 동기로 베푸는 사랑 등을 뜻한다.

3) 삼위일체 하나님의 사랑

하나님의 사랑은 '불구하고'의 초월적인 사랑이다. 우리가 선인도 아니고 의인도 아니지만, 아니 죄인이었을 때 그리스도께서 우리를 위하여 죽으심으로 하나님께서 우리에게 대한 자신의 사랑을 확증하셨다^{롬 5:8}. 그러므로 하나님의 사랑은 죄인임에도 '불구하고' 사랑하시는 '불구하고의 사랑'이다.

예수님의 사랑은 '포기하지 않으시는' 의지적인 사랑이다. 예수님께서 하나님께로 돌아가실 때가 이른 줄 아시고 마지막까지 하신 일이 사랑이셨다. "유월절 전에 예수께서 자기가 세상을 떠나 아버지께로 돌아가실 때가 이른 줄 아시고 세상에 있는 자기 사람들을 사랑하시되 끝까지 사랑하시니라"요 13:1. 예수님께서는 자신이 잡혀가실 때 뿔뿔이 흩어지고 저주하고 부인했던 그 제자들조차도 결코 포기하지 않으시고 끝까지 사랑하셨다. 끝까지 사랑하는 것은 포기하지 않는 사랑이다.

성령님의 사랑은 "말로 표현할 수 없는", 가슴이 벅차오르는 열정적인 사랑이다. 성령님께서는 말할 수 없는 탄식으로 우리를 위하여 간구하시는, 눈물을 흘리시는 사랑의 성령님이시다롬 8:26. 또한 잘못되어 가는 모습을 바라보며 안타까워하고 근심하시는 사랑의 성령님엡 4:30이시다. 하나님이 우리 속에 거하게 하신 성령님은 시기하기까지 사모약 4:5하신다. 따라서 일방적으로 우리를 사랑하시는 정열적인 사랑의 성령님이시며, 동시에 우리로부터 반응을 기대하시는 관계적 사랑의 성령님이시다. 그러므로 성령님의 열매는 사랑으로부터 시작한다갈 5:22-23.

사랑을 실천하는 경건 훈련

다른 사람을 헤아리며 생각하는 사랑, 불타오르는 열정적인 사랑과 사랑의 동기에 나오는 선한 행동, 그리고 삼위일체 사랑의 하나님께서 우리에게 요구하시는 사랑은 두 가지로 요약된다. 하나는 하나님 사랑이며 또 하나는 이웃 사랑이다. 예수님께 율법 중에 가장 큰 계명이 무엇이냐 묻는 사람에게 "네 마음을 다하고 목숨을 다하고 뜻을 다하여 주 너의 하나님을 사랑하라 하셨으니 이것이 크고 첫째 되는 계명이요 둘째도 그와 같으니 네 이웃을 네 자신 같이 사랑하라 하셨으니 이 두 계명이 온 율법과 선지자의 강령이니라"^{마 22:37-40}라고 말씀하셨다. 그리고 이웃 사랑에 첨가해서 교회 공동체에게 새롭게 계명으로 주신 것은 "서로 사랑"이다. 예수님께서 "새 계명을 너희에게 주노니 서로 사랑하라 내가 너희를 사랑한 것 같이 너희도 서로 사랑하라 너희가 서로 사랑하면 이로써 모든 사람이 너희가 내 제자인 줄 알리라"^{요 13:34-35}라고 말씀하셨다. 서로 사랑하므로 예수님의 제자임을 증거하는 것이 곧 새 계명의 핵심이다. 그렇다면 어떻게 하나님 사랑, 이웃 사랑, 서로 사랑의 삶을 실천하며 살 수 있을까?

1) 예배를 통해 하나님 사랑하기

시편 기자는 "주께서는 제사를 기뻐하지 아니하시나니 그렇지 아니하면 내가 드렸을 것이라 주는 번제를 기뻐하지 아니하시나이다 하나님께서 구하시는 제사는 상한 심령이라 하나님이여 상하고 통회하는 마음을 주께서 멸시하지 아니하시리이다"^{시 51:16-17}라고 고백한다. 생활에서 규칙적으로 하나님 앞에 나아가는 것, 하나님께 최상의 가치와 경배를 돌려드리는 것, 즉 예배가 하나님 사랑의 시작이다. 왜냐하면, 하나님께서 원하시는 것은 상한 심령이기 때문이다. 하나님께 나아와 통회하며 마음을 여는 예배가 하나님께서 기뻐하시는 제사이며 그것은 곧 우리가 하나님을 향해 드리는 사랑의 표현이다. 그러므로 하나님 사랑을 실천하는 첫 번째 단계는 규칙적으로 하나님 앞에 있는 모습 그대로 나아가 예배드리는 행위이다.

2) 일상생활에서 돌봄을 통해 이웃 사랑하기

예수님께서는 의인들을 향하여 "내가 주릴 때에 너희가 먹을 것을 주었고 목마를 때에 마시게 하였고 나그네 되었을 때에 영접하였고 헐벗었을 때에 옷을 입혔고 병들었을 때에 돌보았고 옥에 갇혔을 때에 와서 보았느니라"마 25:35-36라고 말씀하셨다. 그렇게 돌본 적이 없다는 의인들의 질문에 예수님께서는 형제 중에 지극히 작은 자 한 사람에게 베푼 조그마한 돌봄이 하늘에서 큰 상을 받을 하나님을 향한 사랑이라고 칭찬하셨다. 이웃 사랑이 곧 하나님을 향한 사람이며, 그것은 커다란 일을 하는 것이 아니라 일상생활에서 마주치는 도움이 필요한 사람에게 다가가는 것, 그리고 작은 돌봄을 나누는 것이다. 이러한 돌봄은 적은 경제적 지원에서부터 함께 시간 나누기, 격려, 문안, 이메일이나 문자 보내기, 따뜻한 미소와 악수, 희망적인 대화 등을 포함한다. 하나님의 사랑은 보편적인 사랑이며, 사랑의 영역을 확장하여 도움의 손길을 펴는 것 그것이 이웃 사랑의 시작이다. 예수님께서는 우리에게 말씀하신다. "너희가 만일 너희를 사랑하는 자만을 사랑하면 칭찬받을 것이 무엇이냐 죄인들도 사랑하는 자는 사랑하느니라"^{눅 6:32}.

3) 사랑받기와 사랑 주기: 서로 사랑하기

성경은 사랑받은 자만이 사랑할 수 있다고 말씀한다. 하나님의 우리를 향한 사랑은 일방적 사랑으로 시작하셨지만 '우리가 죄인 되었을 때에', 롬 5:8, 그 하나님께서는 우리의 반응을 기대하신다. 예수님의 제자들인 우리가 새 계명인 '서로 사랑'을 실천하려면 사랑을 주고받는 성숙한 공동체가 되어야 한다. 빌립보 교회^{성도}만이 복음의 시초에 선교사 바울을 위해 '주고받는'^{빌 4:15} 일에 참여하였다. 먼저 예수님의 사랑을 받은 자이기에 사랑을 시작할 수 있고, 사랑을 시작하므로 더 큰 사랑을 주고받을 수 있다. 사랑을 베푸는 자는 '상대방이 모르게 베푸는 사랑'의 기쁨을 간직해야 하며, 사랑을 받는 자는 감사함으로 받되 '그 사랑의 빚을 누군가와 또 나누려는 사랑'의 열정을 불태워야 한다. 그러나 성도는 '예수님께서 친히 말씀하신 바 주는 것이 받는 것보다 더 복이 있다'^{행 20:35}는 말씀을 잊지 말고 서로 사랑하되, 더욱 사랑 주기를 소원해야 할 것이다.

B. 미움

　세상은 평화를 말하지만, 인종 갈등, 종교 갈등, 세대 갈등, 그리고 전쟁과 질병은 끊이지 않는다. 그런데 개인이나 가족, 집단, 민족이나 국가 간의 갈등과 분쟁의 뿌리는 미움에 있다. 미워함, 즉 좋아하지 않는 마음과 감정은 싫어함, 증오함, 혐오함으로 점점 그 강도가 세어진다. 꺼리고 피하는 정도에서, 복수하고 응징하고 싶은 정도까지 미움의 강도는 다양하다. 예를 들면 미워함의 하나인 '혐오'嫌惡의 사전적 정의는 '무엇을 싫어하여 못마땅하게 여기거나, 또는 못마땅함을 거칠게 나타내다'이다. 따라서 미움에는 단순히 못마땅하게 여기는 생각뿐 아니라, 싫어하여 피하고 싶은 감정, 그리고 미움의 대상에게 거칠게 대하는 태도와 행동을 모두 포함하고 있다.

　'미워하다'는 뜻의 '증'憎은 마음 심心에서 뜻을 따고, '거듭'을 뜻하는 증曾에서 소리를 딴 것으로 알려져 있다. 마음에 서운함이 계속 쌓이게 되는 것, 그것을 미움으로 볼 수 있다. 또한 미워하고 싫어하는

'증오'憎惡는 한자의 '오'惡로 읽을 때는 '싫어하다', '미워하다'라는 뜻이고, '악'惡으로 읽으면 '악인'惡人과 같이 '나쁘다'라는 뜻을 갖는다. 따라서 싫어하고 미워하는 것이 지나치면 나쁜 것, 악한 것이 된다는 의미로 해석할 수 있다. 구약 성경에 암논과 다말의 사건은 이와 같은 변화의 과정을 잘 보여주고 있다. 압살롬다윗의 아들의 누이 동생 다말을 어머니가 다른 오빠 암논이 상사병에 걸릴 정도로 사모한다삼하 13장. 그는 아픈 척 하여 다말이 문병을 오게 한 뒤 성폭행을 한다. 암논은 성관계를 맺은 후 사실을 알려서 결혼을 하겠다고 했지만, 성경은 "그리하고 암논이 그를 심히 미워하니 이제 미워하는 미움이 전에 사랑하던 사랑보다 더한지라"삼하 13:15라고 기록한다. 그의 애정이 미움으로 바뀌었을 뿐 아니라 그 미워하는 마음이 이전 사랑의 감정보다 더 커진다.

이처럼 미움의 폐해는 처음에는 개인적으로 미워하는 일이나 미워하는 마음에서 시작하지만, 점점 확대되어 살인에 이르게 되는 심각한 죄惡가 된다. 성경은 "그 형제를 미워하는 자마다 살인하는 자니 살인하는 자마다 영생이 그 속에 거하지 아니하는 것을 너희가 아는 바라"요일 3:15라고 말씀한다. 미움이 곧 살인일 수 있다는 하나님의 진단과 평가는 미움의 부정적 영향력이 얼마나 그 독성이 강한지를 강조하는 것이다.

성경 속의 미움

성경에는 미움에 대해 세 가지 가르침이 있다. 첫째는 성도가 때로는 미움을 받아야 한다는 것이다. 예수님은 제자들에게 "세상이 너희를 미워하면 너희보다 먼저 나를 미워한 줄을 알라 너희가 세상에 속하였으면 세상이 자기의 것을 사랑할 것이나 너희는 세상에 속한 자가 아니요 도리어 내가 너희를 세상에서 택하였기 때문에 세상이 너희를 미워하느니라"요 15:18-19라고 말씀하셨다. 또한 "나를 미워하는 자는 또 내 아버지를 미워하느니라 내가 아무도 못한 일을 그들 중에서 하지 아니하였더라면 그들에게 죄가 없었으려니와 지금은 그들이 나와 내 아버지를 보았고 또 미워하였도다 그러나 이는 그들의 율법에 기록된 바 그들이 이유 없이 나를 미워하였다 한 말을 응하게 하려 함이라"요 15:23-25라고 하셨다. 예수님의 말씀은 세상이 예수님을 미워하면 하나님을 미워하는 것이고, 성도를 미워하면 곧 예수님을 미워한 것이라는 말씀이다. 즉 죄인은 진리이신 예수님을 미워하며 예수님께 속한 성도를 미워한다는 사실이다. 따라서 성도가 언제나 모든 사람에게 선한 평가와 칭찬과 인정을 받아야만 하는 것은 아니다. 하나님의 뜻대로 예수님을 믿고 사는 사람들은 사탄의 공격을 받고 미움을 받는 것은 당연하다. 그러므로 사도 요한은 "형제들아 세상이 너희를 미워하여도 이상히 여기지 말라"요일 3:13라고 가르친다. 세상의 미움을 받는 것은 성도에게 결코 이상한 것이 아니다.

다윗은 골리앗이 이스라엘의 하나님과 그 백성을 놀리는 것을 보며 의분을 품었지만, 형의 미움을 받는다. 형 엘리압은 목동인 다윗이 양은 돌보지 않고 전쟁을 구경하러 왔다며 분노한다^{삼상 17:27-28}. 사도 바울은 빌립보에서 귀신을 내어 쫓지만, 오히려 그 일로 미움을 받아 감옥에 갇히고 고난을 당한다^{행 16장}. 이처럼 하나님의 사람은 하나님의 일을 하다가 오해도 받고 미움도 받는다. 그러나 기억해야 할 것은 세상 공중 권세 잡은 악한 마귀는 오늘도 믿는 사람들을 미워하며 공격의 대상으로 삼고 있다는 것이다.

둘째는 하나님의 사람이 미워해야 할 것이 있다. 그것은 자기 의나 교만함을 미워해야 한다. 예수님께서 "너희는 사람 앞에서 스스로 옳다 하는 자들이나 너희 마음을 하나님께서 아시나니 사람 중에 높임을 받는 그것은 하나님 앞에 미움을 받는 것이니라"^{눅 16:15}라고 말씀한다. 하나님께서는 교만한 사람, 자기 스스로 옳다고 생각하는 사람을 미워하신다.

또한 예수님께서 "무릇 내게 오는 자가 자기 부모와 처자와 형제와 자매와 더욱이 자기 목숨까지 미워하지 아니하면 능히 내 제자가 되지 못하고"^{눅 14:26}라고 말씀하신다. 예수님께서 '미워하라' 명령하신 것은 선택의 순간에 하나님 외에 다른 것을 더 우선순위를 두는 행위, 즉 하나님 없이 살아가려는 불신앙에 관한 것이다. 그렇기에 성경은 "집 하인이 두 주인을 섬길 수 없나니 혹 이를 미워하고 저를 사랑하거나 혹 이를 중히 여기고 저를 경히 여길 것임이니라 너희는 하나님과 재물을 겸하여 섬길 수 없느니라"^{눅 16:13}라고 말씀한다. 결국 우리는 늘 하나님과 재물 또는 다른 어떤 것을 비교하려는 죄성을 가지고 있다. 그러므로 하나님은 우상 섬기는 것을 심히 싫어하시며 질투하신다 출 20:4-6.

셋째는 하나님의 사람은 미워하지 말아야 한다는 것이다. 성경 속에는 미움으로 시작하여 형제 가족 관계가 깨어지는 사건들을 쉽게 발견할 수 있다. 미움과 연관된 다양한 감정 중에는 질투와 시기가 있다. 가인은 하나님께서 동생 아벨의 제사는 받으시고 자신의 제사는 받지 않으신 것 때문에 분함으로 안색이 변했다고 성경은 기록한다. 그런데 가인이 화를 내고 결국은 동생 아벨을 살인하는 엄청난 죄악을 범하지만, 그 마음에는 하나님의 인정을 받고 싶은 질투와 시기의 감정이 먼저였다고 볼 수 있다.

요셉의 예에서도 마찬가지이다. 아버지 야곱은 아들들 중에 요셉을 가장 사랑하였다. 그것을 보고 그 형제들은 요셉을 미워하여 그에게 편하게 이야기할 수가 없었다창 37:4. 게다가 요셉이 꿈을 꾸고 형들에게 고하매 그들이 요셉을 더욱 미워하였다창 37:5. 그런데 요셉의 꿈 이야기는 밭에서 형들의 단이 요셉의 단을 둘러서서 절을 한다는 내용이었다. 요셉의 형들은 "네가 참으로 우리의 왕이 되겠느냐 참으로 우리를 다스리게 되겠느냐 하고 그의 꿈과 그의 말로 말미암아 그를 더욱 미워"창 37:8하게 된다. 요셉은 다시 꿈을 꾸고 형들에게 고하였을 때에 그 형들은 이제 미움을 넘어 시기하게 된다창 37:11. 이와 같이 미움의 감정은 더욱 미워함을 지나고, 그 후 시기 또는 질투로 귀결된다.

요셉의 형들도 아버지 야곱의 사랑을 받고 싶은 욕망이 있었고, 어쩌면 요셉의 당당한 꿈 이야기를 부러워했을 것이다. 이에 시기와 질투의 감정으로 결국은 애굽 상인에게 동생 요셉을 노예로 팔아 영구히 제거해 버리려는 죄악을 범한다. 요셉은 하나님께서 주신 꿈을 꾸었지만 지혜롭지 못하게 꿈 이야기를 하다가 형들의 미움을 받고 결국은 애굽의 노예로 팔려갔다. 성경은 "그의 형들이 아버지가 형들보다 그를 더 사랑함을 보고 그를 미워하여 그에게 편안하게 말할 수 없었더라 요셉이 꿈을 꾸고 자기 형들에게 말하매 그들이 그를 더욱 미워하였더라"^{창 37:4-5}라고 기록한다.

이와 같이 미움이 먼저이든, 아니면 질투와 시기가 먼저이든 이 세 가지는 함께 작동하는 경향이 높다. 질투와 시기에서 미움으로, 또는 미움에서 질투와 시기로 옮겨간다. 따라서 하나님의 사람은 미움의 뿌리를 남겨두어서는 안된다. 왜냐하면 그것이 자라나서 결국은 자신과 이웃과 가족의 관계를 파괴하기 때문이다.

미움에 대처하는 경건훈련

1) 미움받을 때 예수님의 약속 기억하기

첫째로 세상으로부터 미움을 받을 때 우리는 예수님의 약속을 기억해야 한다. 예수님께서는 "또 너희가 내 이름으로 말미암아 모든 사람에게 미움을 받을 것이나 너희 머리털 하나도 상하지 아니하리라"^{눅 21:17-18}라고 말씀하셨다. 우리의 미련함과 교만함, 불신앙 때문에 미움을 받는다면 당연히 회개하고 돌이켜야 한다. 반면에 예수님을 닮아가는 과정에서 받는 오해와 미움받음은 성도의 훈장으로 알아서 당연한 것으로 받아들여야 한다. 왜냐하면 예수님께서 머리털 하나라도 상하지 않게 하시겠다고 약속하셨기 때문이다. 따라서 미움받을 때는 자신의 행위나 태도의 동기에 대해서 정직하게 자신에게 물어야 한다. 먼저 나 자신이 하나님의 사람으로 예수님 때문에 미움받기에 합당한 삶을 살았는지를 확인한다. 그리고 그 대답이 '예'라면, 미움받음은 예수님의 언약에 따라 결코 나 자신을 해치지 못할 것임을 기억하고, 하나님의 보호하심을 위하여 기도해야 한다.

2) 예배를 통해 악을 미워하기

둘째로 성도는 단호히 하나님과 맞서는 대상을 미워해야 한다. 사탄은 세상을 사랑하고 하나님을 미워하는 선택을 하도록 우리를 혼동시키고, 유혹하고, 속인다. 때로는 사탄이 사용하는 미끼는 가족일 수도 있고, 자신이 귀하게 여기는 어떤 일^{사명}, 심지어는 비전이나 꿈일 수도 있다. 여호수아는 그의 말년에 백성들을 향해 "만일 여호와를 섬기는 것이 너희에게 좋지 않게 보이거든 너희 조상들이 강 저쪽에서 섬기던 신들이든지 또는 너희가 거주하는 땅에 있는 아모리 족속의 신들이든지 너희가 섬길 자를 오늘 택하라 오직 나와 내 집은 여호와를 섬기겠노라 하니"^{수 24:15} 외친다. 우상을 미워하고, 세상을 미워한다는 것은 하나님을 섬기기로 선택하는 것이다. 그렇기에 여호수아는 결론적으로 "거룩하신 하나님이시요 질투하시는 하나님"이심을 선포하고, 그 하나님께서는 우상을 선택하는 죄를 결코 간과하지 않으실 것임을 경고한다수 24:19.

그렇다면 어떻게 하나님을 대항하는 것들을 미워하며 하나님 편에 설 수 있을까? 사무엘은 이새의 아들 중에 장남 엘리압을 보고 하나님께서 택하신 자로 알아 기름을 부으려 하였다. 하나님께서는 사무엘에게 "그의 용모와 키를 보지 말라 내가 이미 그를 버렸노라 내가 보는 것은 사람과 같지 아니하니 사람은 외모를 보거니와 나 여호와는 중심을 보느니라"삼상 16:7라고 말씀하신다. 세상을 미워하고 하나님을 사랑하는 선택은 외모나 용모가 아니라 중심을 보시는 하나님의 관점에서 보는 것이다. 일상생활에서는 잠언의 말씀처럼 많은 재물보다 명예를 택하고 은이나 금보다 은총을 더욱 택해야 한다잠 22:1. 게다가 우리는 악을 미워하고 선을 택하는 것에서 한 발자국 더 나아가야 한다. 예수님께서는 마르다와 마리아 예에서 "몇 가지만 하든지 혹은 한 가지만이라도 족하니라 마리아는 이 좋은 편을 택하였으니 빼앗기지 아니하리라"눅 10:42라고 말씀하셨다. 예수님 앞에 앉아 말씀을 들었던 마리아가 더 좋은 편을 선택했다고 예수님은 평가하신다. 하나님을 섬기는 것을 선택한다는 것은 예수님 앞에 무릎 꿇고 말씀을 들었던 마리아에게서 배울 수 있다. 섬김을 선택하는 것은 "삶의 우선순위를 하나님께 둔다"라는 것이다. 영어로 예배는 worship 또는 service라는 단어를 사용하는데 그것은 가장 가치 있는 것에 봉사한다는 뜻을 담고 있다. 따라서 하나님을 섬기는 선택을 하는 것, 즉 악을 미워하는 것은 예배를 회복하는 것이다. 그러므로 시편 기자는 "여호와를 경외하는 자 누구냐 그가 택할 길을 그에게 가르치시리로다"^{시 25:12}라고 말씀한다. 하나님을 경외하는 자는 하나님께서 그 택할 길을 가르쳐 주신다. 하나님을 예배하는 자에게 악을 미워하고 하나님을 사랑하는 선택을 하도록 지도하신다.

3) 사랑으로 마음 속의 미움 지우기

셋째로 미움을 이기기 위해서는 사랑을 회복해야한다. 미움은 다툼을 일으키나 사랑은 모든 허물을 덮는다^{잠 10:12}. 미움은 다툼을 일으킬뿐만 아니라 우리의 눈을 멀게 한다. 성경은 "그의 형제를 미워하는 자는 어둠에 있고 또 어둠에 행하며 갈 곳을 알지 못하나니 이는 그 어둠이 그의 눈을 멀게 하였음이라"^{요일 2:11}라고 지적한다. 미움을 방치하면 그 미움이 자신을 황폐화시킨다. 그러므로 미움은 반드시 제거되어야만 한다. 미움을 극복하기 위해서는 미움을 감추는 것이 아니라 인정하는 것부터 시작해야 한다. 때로는 우리에게 상처를 준 가해자에 대하여 미워하고 증오하는 것은 당연할 수 있다. 하나님도 악을 미워하시고 자기 백성들이 우상에 빠지는 것을 질투하신다. 따라서 미워한다는 사실 때문에 부당한 죄의식에 빠지지 말아야 한다. 성경은 "미움을 감추는 자는 거짓된 입술을 가진 자"^{잠 10:18}라고 말한다. 미움은 감출수록 거짓을 말하게 하지만 인정하고 직시하기 시작하면 미움을 떠나보낼 수 있는 길이 열린다. 마음속에 미움을 지우기 위해서는 미움의 존재를 인식하고, 미움을 용서와 사랑으로 대치해야 한다. 미움을 넘어서는 사랑의 첫 단계는 상대방의 허물을 덮는 것인데 그것은 더 이상 상대방의 잘못을 언급하지 않는 것이다 잠 17:9.

나가는 말

미움은 우리의 영혼을 황폐화시킨다. 살면서 미움을 받을 때가 있고, 미워할 때가 있고, 미워하지 말아야 할 때가 있다. 예수님 때문에 미움을 받을 때 예수님의 약속을 기억하고, 악을 미워해야 할 때 예배를 통해 하나님 섬기기를 배우고, 미움을 인정하고 사랑으로 마음속에 미움을 지워갈 때 하나님을 온전히 사랑하는 것이다. 미움을 넘어 형제 사랑으로 옮겨가는 것이 하나님 사랑의 시작이다. "누구든지 하나님을 사랑하노라 하고 그 형제를 미워하면 이는 거짓말하는 자니 보는 바 그 형제를 사랑하지 아니하는 자는 보지 못하는 바 하나님을 사랑할 수 없느니라" 요일 4:20. 가라 미움이여, 오라 사랑이여!

5장

—

함께 있음과 홀로 있음

A. 함께 있음

군중 속의 고독이라는 말이 있다. 주위에 많은 사람이 있지만, 진정으로 함께하는 한 사람이 없어 외로워한다. 하나님께서는 '함께하라'라고 하셨는데 사람들은 함께 하지 못한다. 그것은 함께함을 원하면서도 어쩌면 거절에 대한 두려움 때문에 다른 사람들에게 다가가지 못하는 것일 수도 있다. 전철이나 버스를 타거나 길을 걷다 보면 헤드폰을 귀에 꽂고 다니는 사람들을 쉽게 볼 수 있다. 다른 사람의 소리를 듣기보다는 자신만의 세계 속에 침잠해 있고, 이웃과의 소통을 스스로 차단하고 거부하는 것처럼 보인다.

'함께'라는 단어는 '한꺼번에, 또는 서로 더불어'란 뜻을 가진 부사어이다. 어원적으로는 '일시에, 동시에'란 뜻과 '동반'의 뜻을 포함하고 있다. 한 국어학자에 의하면 고문에서 '함께'라는 단어는 동시성, 동반성, 동일 처소 등을 나타내는 '동일'이란 개념에, '하나'의 의미를 가진 '한'이 개입하여 '동일하다'라는 의미도 동시에 가지고 있다고 말한다. 따라서 '함께'는 '서로 더불어 동일한 하나가 된다'는 깊은 뜻을 담고 있다.

때로 사람들을 떠나 홀로 있음으로 하나님과 함께하는 훈련이 우리에게 필수적이다. 동시에 하나님께서 함께하도록 지으신 가족, 친구, 이웃들과 서로 더불어 하나가 되는 '함께 있음'을 통해 하나님 나라를 확장해 가는 것을 소홀히 할 수는 없다. 그렇다면 어떻게 진정한 함께 있음을 일상의 경건생활에서 실천해 갈 수 있는지를 살펴보자.

함께하시는 삼위 하나님

하나님께서는 함께하시는 삼위 하나님이시다. 우주 만물을 만드시고 인간을 창조하실 때 삼위 하나님께서 함께 하셨다. "하나님이 이르시되 우리의 형상을 따라 우리의 모양대로 우리가 사람을 만들고 그들로 바다의 물고기와 하늘의 새와 가축과 온 땅과 땅에 기는 모든 것을 다스리게 하자" 창 1:26라고 말씀하셨다. 삼위 하나님께서는 함께하시고 서로 소통하시고 함께 창조하셨다.

말씀이신 성자 하나님은 태초부터 성부 하나님과 함께하셨다. "태초에 말씀이 계시니라 이 말씀이 하나님과 함께 계셨으니 이 말씀은 곧 하나님이시니라 그가 태초에 하나님과 함께 계셨고 만물이 그로 말미암아 지은 바 되었으니 지은 것이 하나도 그가 없이는 된 것이 없느니라" 요 1:1-3. 성부 하나님, 성자 하나님은 함께 하셨고 한 분도 배제됨이 없이 만물을 창조하셨다. 또한 성자 예수님께서는 성육신하셔서 잠시 보좌를 떠나셨으나 다시 성부 하나님께로 돌아가시고, 성부 하나님과 함께하셨던 또 다른 보혜사^{성령 하나님}를 우리에게 보내서 우리와 영원토록 함께 있도록 성부 하나님께 구하시겠다고 말씀하신다. "내가 아버지께 구하겠으니 그가 또 다른 보혜사를 너희에게 주사 영원토록 너희와 함께 있게 하리니"^{요 14:16}. 성령 하나님은 성부 하나님께로부터 오셨다. "보혜사 곧 아버지께서 내 이름으로 보내실 성령"^{요 14:26}이시다. 동시에 성부 하나님께로부터 오신 성령 하나님은 "내가 아버지께로부터 너희에게 보낼 보혜사 곧 아버지께로부터 나오시는 진리의 성령"^{요 15:26} 이시다.

'아버지 하나님을 보여달라'는 빌립을 향하여 예수님께서는 "나를 본 자는 아버지를 보았거늘 어찌하여 아버지를 보이라 하느냐"^{요 14:9}라고 반문하신다. 성자 하나님께서는 온전한 성부 하나님과 함께 있음, 즉 '서로 더불어 동일한 하나이심'을 선언하신 것이다. 이처럼 성부 하나님, 성자 하나님, 성령 하나님은 함께 하셨고, 함께 하시고, 하늘의 함께하심의 보좌를 떠나서 우리와 함께하심으로 우리를 구원하셨다. 그 성령 하나님께서는 영원히 우리와 함께하시며^{요 14:16}, 그 성자 하나님께서 세상 끝날까지 우리와 함께하시며^{마 28:20}, 그 성부 하나님께서 "내가 너와 함께 있나니 두려워하지 말라"^{렘 46:28}라고 말씀하신다.

성경 이야기 속의 '함께 있음'

예수님의 별칭은 임마누엘이다. 그 뜻은 "하나님이 우리와 함께 계시다"[마 1:23] 이다. 예수님께서는 우리와 함께하시기 위해 이 땅에 오셨지만 동시에 언제나 하나님과 함께하시는 삶을 사셨다. 심지어는 핍박이 올 때 제자들은 각각 흩어지고 예수님은 혼자 되셨으나 결코 혼자 있는 것이 아니라고 말씀하셨다. "보라 너희가 다 각각 제 곳으로 흩어지고 나를 혼자 둘 때가 오나니 벌써 왔도다 그러나 내가 혼자 있는 것이 아니라 아버지께서 나와 함께 계시느니라"[요 16:32; 참조 요 8:16]

하나님께서는 "사람이 혼자 사는 것이 좋지 아니하니 내가 그를 위하여 돕는 배필을 지으리라"[창 2:18]라고 말씀하셨다. 하나님께서는 혼자가 아니라 함께하도록 남자와 여자를 만드셨다. 그리고 이들 부부를 위한 하나님의 주례사는 "남자가 부모를 떠나 그의 아내와 합하여 둘이 한 몸을 이룰지로다"[창 2:24] 였다. 즉 둘이 함께함으로 진정한 합일슴⁻, 하나가 되라고 축복하셨다. 그렇기에 선악과를 먹고 범죄한 후 하나님께서 그들을 찾아오셨을 때 아담은 "하나님이 주셔서 나와 함께 있게 하신 여자 그가 그 나무 열매를 내게 주므로 내가 먹었나이다"[창 3:12]라고 변명한다. 그는 하와가 자신과 함께 있도록 하신 배필임을 알았지만, 그녀 때문에 범죄했다고 책임전가를 한다. 성경은 하와가 "그 열매를 따먹고 자기와 함께 있는 남편"[창 3:6]에게 주었다고 기록한다. 중요한 것은 누가 먼저 열매를 먹었는가의 순서보다도 그들이 함께 있으면서 따로 범죄했다는 것이다. 뱀이 선악과로 유혹할 때 "너희"[복수, 창]

3:1-5로 묻고 있는데 이에 응답하는 사람은 하와 혼자였다. 그 옆에 아담에 있었는지 아닌지 성경은 자세히 기록하고 있지 않지만 분명한 것은 두 사람의 마음이 그 유혹받는 순간에 함께 하지 못했다는 것이다.

도마는 신앙 공동체를 떠나 함께 있지 않으므로 부활하사 제자들에게 찾아오신 예수님을 만나지 못하고 의심한다. "도마는 예수께서 오셨을 때에 함께 있지 아니한지라 다른 제자들이 그에게 이르되 우리가 주를 보았노라 하니 도마가 이르되 내가 그의 손의 못 자국을 보며 내 손가락을 그 못 자국에 넣으며 내 손을 그 옆구리에 넣어 보지 않고는 믿지 아니하겠노라 하니라"요 20:24-25. 이처럼 함께해야 할 때에 공동체와 함께하지 아니하므로 삶의 위기를 직면하는 사람들이 늘어가고 있다. 부부가 함께하지 않고, 가족이 함께하지 않고, 성도가 믿음의 공동체에서 이탈함으로 인해 개인과 가정, 교회, 사회의 다양한 문제들자살, 우울, 이혼, 가정폭력, 학대이 계속 증가한다고 해도 과언이 아니다.

그런가 하면 요나단과 다윗은 깊은 우정을 나누며 함께 하였다. 둘은 자기 생명같이 서로를 아끼며 마음이 '서로 더불어 하나 된', 함께하는 관계였다. 성경은 "요나단의 마음이 다윗의 마음과 하나가 되어 요나단이 그를 자기 생명 같이 사랑하니라"삼상 18:1라고 기록한다. 또한 요나단은 다윗과 "더불어 언약"삼상 18:3을 맺고 그의 소유된 군복을 나누어 진정으로 함께하는 삶의 모범을 보인다.

바울 사도는 로마 감옥에 있으면서 믿음으로 낳은 영적 아들 디모데에게 편지를 한다. 처음 자신을 변호할 때에 바울과 함께 한 자가 하나도 없고 다 자신을 버렸다고 말한다딤후 4:16. 또한 그가 갇혔을 때에 주위에 사람들이 하나둘씩 떠나갔다. 데마는 세상을 사랑하여 바울을 버리고 데살로니가로 갔고, 그레스게는 갈라디아로, 디도는 달마디아로 갔고 오직 누가만 그와 함께 있었다^{딤후 4:10-11}. 불굴의 열정으로 오지를 다니며 선교하던 사도 바울도 그의 인생의 말년에는 디모데와 함께하기를 기다렸고 '너는 어서 속히 내게로 오라', 초기 선교지에서 중도 포기했던 '마가를 데리고 오라'며 함께 있음의 중요성을 일깨워 준다^{딤후 4:9-11}.

예수님께서는 우리가 예수님과 함께 있어야 함을 '포도나무와 가지'의 비유로 말씀하신다. "내 안에 거하라 나도 너희 안에 거하리라 가지가 포도나무에 붙어 있지 아니하면 스스로 열매를 맺을 수 없음 같이 너희도 내 안에 있지 아니하면 그러하리라 나는 포도나무요 너희는 가지라 그가 내 안에, 내가 그 안에 거하면 사람이 열매를 많이 맺나니 나를 떠나서는 너희가 아무 것도 할 수 없음이라"^{요 15:4-5}. 예수님과 함께하지 않으면 성도는 아무것도 할 수 없을 뿐 아니라 어떤 열매도 맺지 못한다고 말씀하신다. 동시에 가지인 우리가 포도나무이신 예수님께 붙어 있기만 하면^{예수님과 함께 있으면} 저절로 열매를 많이 맺게 된다고 약속하셨다. 예수님과 함께 있는 것으로 우리에게 주시는 복이 있다.

예수님께서 방문하셨을 때 언니 마르다는 음식 준비하느라 분주하였고 동생 마리아는 예수님의 발치에 앉아 말씀을 들었다. 언니 마르다는 동생 마리아가 자신을 돕기를 원할 때, 예수님께서는 "마르다야 마르다야 네가 많은 일로 염려하고 근심하나 몇 가지만 하든지 혹은 한 가지만이라도 족하니라 마리아는 이 좋은 편을 택하였으니 빼앗기지 아니하리라"^{눅 10:41-42}라고 말씀하셨다. 마르다와의 대화 속에서 예수님은 함께 음식 준비하는 것도 좋은 일이지만 더 복되고 좋은 일은 예수님과 함께 있는 것임을 가르쳐 주신다. 성경에는 "함께 있음"에 대한 이야기로 넘쳐난다.

일상생활에서 함께 있음을 훈련하기

다윗이 점점 더 백성들에게 인정을 받게 될 때 사울 왕의 두려움은 점점 더 커져갔다. 사울 왕은 다윗에 대해 불쾌하고 화가 났지만 어찌할 수가 없었다^{삼상 18:8}. 왜냐하면 온 이스라엘과 유다가 늘 전쟁터에 앞장서서 나가는 다윗의 모습을 보고 그를 사랑하였기 때문이다^{삼상 18:16}. 다윗이 지혜롭게 행할 수 있었던 것은 하나님께서 다윗과 함께 계시기 때문이요^{삼상 18:12}, 하나님께서 다윗과 함께 계심을 사울 왕도 보고 알았다^{삼상 18:28}. 하나님과 함께하고, 하나님께서 함께하시는 사람은 다윗처럼 "함께 있음"의 능력이 나타난다. 우리는 어떻게 일상생활에서 함께 있음의 복을 누리며 나누며 살 수 있을까?

먼저 하나님과 '함께 있음'을 훈련해야 한다. 하나님과 함께 있음의 훈련은 하나님 앞에 서는 홀로 있음의 훈련으로부터 시작된다^{지난 달에 살펴보았다}. 중요한 것은 하나님께서 우리와 함께하심을 늘 기억하고 떠올릴 수 있도록 '함께 하심'과 연관된 많은 성경 구절들을 암송하고 적어두는 습관을 키워가는 것이다^{예: 시 46:7, 11; 사 41:10, 43:5; 신 31:8 …}.

둘째로 함께 있음을 위하여 기도해야 한다. 예수님은 하나님과 함께하셨음을 기억하며 함께 있음을 위해 기도하신다. "아버지여 창세 전에 내가 아버지와 함께 가졌던 영화로써 지금도 아버지와 함께 나를 영화롭게 하옵소서"요 17:5. 우리도 하나님과 함께하며 누렸던 기억들을 떠올리며 일상의 삶에서 하나님과 함께 있음의 영화로움이 나타나도록 기도해야 한다.

셋째로 가족, 이웃과 소통하며 함께 있음의 훈련을 해야 한다. 예수님께서는 "나를 보내신 이가 나와 함께 하시도다 나는 항상 그가 기뻐하시는 일을 행하므로 나를 혼자 두지 아니하셨느니라"요 8:29라고 말씀하신다. 하나님께서 기뻐하시는 일을 행할 때 하나님께서는 혼자 있게 하지 않으신다고 약속하신다. "하나님께서 보내신 이를 믿는 것이 하나님의 일"요 6:29이며, 이것이 하나님께서 기뻐하시는 일이다. 하나님께서 보내신 예수 그리스도는 임마누엘로 우리와 함께하시기 위해서 오셨기에 우리도 그 일을 감당하는 것이 하나님을 기쁘시게 하는 것이다. 예수님의 일은 "주의 성령이 내게 임하셨으니 이는 가난한 자에게 복음을 전하게 하시려고 내게 기름을 부으시고 나를 보내사 포로 된 자에게 자유를, 눈 먼 자에게 다시 보게 함을 전파하며 눌린 자를 자유롭게 하고 주의 은혜의 해를 전파하게 하려 하심이라"눅 4:18-19이다.

그러므로 하나님께서 기뻐하시는 일은 예수님을 통하여 가족과 이웃을 돌보며 소통하는 것이다. "하나님이 고독한 자들은 가족과 함께 살게 하시며 갇힌 자들은 이끌어 내사 형통하게 하시느니라"시 68:6.

이 말씀은 고독한 자들이 가족과 함께 있어야 한다는 뜻도 있고, 따라서 가족과 함께 있으며 고독한 자들이 없도록 해야 한다고도 볼 수 있다. 또한 함께 갇힌 것 같이 갇힌 자들을 생각하고 학대받는 자들을 돌아보아야 한다히 13:3. 모세처럼 "도리어 하나님의 백성과 함께 고난 받기를 잠시 죄악의 낙을 누리는 것보다 더 좋아"히 11:25해야 한다. 즉 함께하기 위해선 우리 자신이 중심이 아니라 우리의 관심과 배려가 필요한 사람들을 생각하고 함께 있음을 실천해야 한다.

가족, 이웃과 함께 있기 위해서는 공간적으로 함께 있음이 중요하다. 그러나 동시에 거리상 떨어져 있더라도 다양한 매체를 통해 함께 있을 수 있다. 함께해야 할 사람들의 명단을 확인하여 접촉함으로 다시 함께 있음을 시작할 수 있다. 핸드폰에 얼마나 많은 이름이 저장되어 있느냐보다 그 중에 함께 있음을 나누는 사람들이 얼마나 있느냐가 훨씬 더 중요하다. 가끔씩 핸드폰 저장 이름, 이메일, 옛날 다이어리 등을 확인하여 친하고 가까웠으나 멀어진 가족, 친구, 교우들을 찾아서 간단한 소식 전하기부터 함께 있음의 회복을 시도할 수 있다. 기록해 두는 습관을 통해 기도 제목, 겪었던 어려운 일들을 회상하며 현재의 삶을 나눔으로 마음을 열고 함께 있음을 경험할 수 있게 된다. 아하수에로 왕은 잠이 오지 않을 때, 역대일기를 가져와 읽게 하고, 그것을 통하여 과거에 왕을 암살하려는 음모를 막은 모르드개에게 상을 베풀지 않은 것을 발견하게 된다에 6:1-3. 이 일은 결국 모르드개가 존귀케 됨으로 이스라엘 백성을 구원하는 하나님의 일을 감당하게 된다.

또한 친구나 가족과 함께 짧은 여행을 통해 함께 있음을 경험할 수 있다. 또 긴 시간이나 많은 경비가 없이도 할 수 있는 일상 속에 함께하기도 가능하다. 만나서 한두 시간 수다 떨기, 인터넷 화상이나 영상통화로 보면서 대화하기, 이메일로 안부 묻기 등이다. 헤어질 때는 "나는 주께서 네 심령에 함께 계시기를 바라노니 은혜가 너희와 함께 있을지어다"딤후 4:22라는 축복의 말로 상대방이 하나님과 함께 있기를 소망하며 함께 있음의 소중함을 나눌 수 있다.

나가는 말

우리와 함께 있으시며, 함께하시는 하나님을 신뢰하기에 어떤 환경에서도 시편 기자처럼 "내가 사망의 음침한 골짜기로 다닐지라도 해를 두려워하지 않을 것은 주께서 나와 함께 하심이라 주의 지팡이와 막대기가 나를 안위하시나이다"시 23:4라고 고백하며 살 수 있다. 또한 함께 있는 가족과 친구들과 믿음의 형제자매들로 인하여 정욕과 죄를 피하고 오히려 깨끗한 마음으로 주님의 마음을 닮아가며 의와 믿음과 사랑과 화평의 삶을 살 수 있다. "너는 청년의 정욕을 피하고 주를 깨끗한 마음으로 부르는 자들과 함께 의와 믿음과 사랑과 화평을 따르라"딤후 2:22. 그러므로 믿음의 가족과 함께 있을 때 "두 사람이 한 사람보다 나음은 그들이 수고함으로 좋은 상을 얻을 것"이며 "홀로 있어 넘어지고 들어 일으킬 자가 없으면 오히려 화가 된다"전 4:9-10라고 말씀한다. 함께 있음에 상이 있고 복이 있다.

B. 홀로 있음

'혼자', '홀로'라는 단어는 외로움, 고독^{loneliness}을 연상케 한다. 혼자 있음의 부정적 상태이다. 그래서 사람들은 결혼하지 않고 홀로 살면 '쓸쓸해 보인다'며 안타까워한다. "혼자 사는 것이 좋지 않다"^{창 2:18}는 성경 말씀을 마치 결혼하지 않은 사람은 죄를 범한 것처럼 보기도 한다. 그러나 남자가 아내와 연합하고 함께하기 위하여 부모를 떠나야 하는 것처럼^{창 2:24}, 진정한 함께함은 먼저 홀로됨, 떠남을 전제로 한다. 그렇기에 경건은 혼자됨, 홀로 있음이 필수적이다. 여기서 말하는 홀로 있음은 종종 독거^{獨居}로 번역되는 영어 단어 'solitude', 즉 사전적 정의로 "평화롭고 유쾌한 상태에서의 홀로 있음"을 뜻한다.

이러한 홀로 있음은 훈련 없이 저절로 되어지지 않는다. 왜냐하면 홀로 있음의 영성은 쉽게 배울 수 있는 것이 아닐 뿐 아니라 인격의 성숙함과도 연관이 있기 때문이다. 어떤 사람들은 홀로됨, 그 외로움을 견디지 못하고 그것을 피하기 위해 많은 값을 지불한다. 때로는 마약에, 도박에, 스포츠에, 다양한 모임에, 인터넷에 과도히 몰입하여^{중독}^{되어} 홀로 있음을 피하려고 노력한다. 그러나 이러한 모습은 병적인 '홀로 있음'이다. 따라서 건강한 홀로 있음과 건강치 못한 홀로 있음을 분별해야 한다.

그렇다면 홀로 있음은 경건 훈련과 무슨 관계가 있으며, 홀로 있는 훈련을 위해서는 무엇이 필요할까?

홀로 계시는 삼위 하나님

1) 성부 하나님

모세는 호렙산에서 하나님의 부르심을 받는다. 그 때 모세는 질문을 한다. "만약에 이스라엘 자손들이 당신을 보내신 하나님의 이름이 무엇이냐고 물으면 무엇이라 답해야 합니까?" 하나님께서 모세에게 "나는 스스로 있는 자이니라 … 너는 이스라엘 자손에게 이같이 이르기를 스스로 있는 자가 나를 너희에게 보내셨다 하라"^{출 3:14}라고 말씀하신다. 하나님께서는 홀로 완전하신 분이며 충족하신 분이시다. 그 하나님은 이스라엘 백성을 애굽에서 홀로 인도하셨고 그와 함께 한 다른 신이 없었다^{신 32:12}. 또한 그 하나님은 홀로 우리의 마음을 다 아신다. "주는 계신 곳 하늘에서 들으시고 사하시며 각 사람의 마음을 아시오니 그들의 모든 행위대로 행하사 갚으시옵소서 주만 홀로 사람의 마음을 다 아심이니이다"^{왕상 8:39}.

히스기야 왕은 기도할 때 "그룹들 위에 계신 이스라엘의 하나님 여호와여 주는 천하 만국에 홀로 하나님이시라 주께서 천지를 만드셨 나이다"^{왕하 19:15} 라고 고백한다. 그 하나님이 자기 백성을 구원하여 내 실 때 "천하 만국이 주 여호와가 홀로 하나님"^{왕하 19:19} 이신 줄 알게 된 다. 하나님께서는 "홀로 기이한 일들을 행하시는 여호와 하나님 곧 이 스라엘의 하나님"^{시 72:18; 136:4} 이시다.

하나님은 홀로 존재하시고, 홀로 하나이신 하나님이시고^{딤전 1:17}, 홀로 구원을 이루시고, 기이한 일을 홀로 행하시고, "하나님은 복되시 고 유일하신 주권자이시며 만왕의 왕이시며 만주의 주"^{딤전 6:15} 시오, 우 리 인생들의 속마음을 홀로 살피시며 아시는 하나님이다. 하나님께 서는 홀로 이루시는 성부 하나님이다.

2) 성자 예수님

예수님께서는 본래 하나님과 함께 계셨지만, 아버지를 떠나 홀로 되셨다. 따라서 예수님께서는 "내가 아버지에게서 나와 세상에 왔고 다시 세상을 떠나 아버지께로 가노라"^{요 16:28} 라고 말씀하셨다. 우리를 구원하시기 위해서 기꺼이 성부 하나님과 분리되어 성자 예수님은 홀 로되셨다. 그렇기에 바울 사도는 빌립보 교우들을 향하여 "자기를 비 워 종의 형체를 가져 사람들과 같이"^{빌 2:7} 되었다고 말한다.

그뿐만 아니라 예수님은 식사할 겨를도 없이 분주한 공생애^막

^{3:20; 6:31} 가운데도 종종 홀로 있는 시간을 가지셨다. 새벽 아직 밝기도 전에 예수께서 일어나 나가 한적한 곳으로 가사 거기서 기도하셨다^{막 1:35}. 보리 떡 다섯 개와 물고기 두 마리를 가지고 오천 명이나 되는 사람들을 먹이셨을 때에 그 표적을 본 사람들이 오실 그 선지자^{메시야}라 말하면서 예수님을 억지로 왕으로 삼으려 했다^{요 6:9-15}. 그러나 예수님은 그들의 환호에 영합하지 않으시고 홀로 산으로 가셨다. 요한은 예수께서 "다시 혼자 산으로 떠나가시니라"^{요 6:15}라고 기록하였는데, 이 말은 성자 예수님께서 종종 산으로 가셔서 혼자 기도하시며 홀로 계셨던 것을 알려준다. 게다가 예수님께서는 그 홀로 있음의 경건 훈련을 계속하셨기 때문에 누가는 "예수께서 나가사 습관을 따라 감람산"^{눅 22:39}에 가셨다고 기록한다. 예수님께서는 일정한 장소에서 규칙적으로 홀로 기도하고 홀로 있음의 시간을 가지셨음에 틀림없다.

성자 예수님께서는 인간을 구원하시기 위해서 성부 하나님을 떠나 이 세상에 홀로 오셨다. 그 예수님께서는 홀로 있음의 훈련을 통해서, 하나님과의 함께함을 누리고, 하나님의 구원계획을 성취하셨다. 성자 하나님은 홀로 계시는 하나님이시다. 심지어 사람들이 환호하며 함께 하고자 할 때도 그들에게 의탁하지 않고 홀로 있는 시간을 가지셨다. 그러므로 요한은 다음과 같이 기록한다. "유월절에 예수께서 예루살렘에 계시니 많은 사람이 그의 행하시는 표적을 보고 그의 이름을 믿었으나 예수는 그의 몸을 그들에게 의탁하지 아니하셨으니 이는 친히 모든 사람을 아심이요 또 사람에 대하여 누구의 증언도 받으실 필요가 없었으니"^{요 2:23-25}. 성자 예수님께서는 사람들의 평가나 증거

와 상관없이 홀로 충족하신 분이시다.

3) 성령 하나님

성자 예수님께서는 우리를 떠나시면서 보혜사 성령께서 우리에게 오실 것을 말씀하셨다. 예수님께서는 "보혜사 곧 아버지께서 내 이름으로 보내실 성령"요 14:26, "내가 아버지께로부터 너희에게 보낼 보혜사 곧 아버지께로부터 나오시는 진리의 성령"요 15:26이 오실 것이라 말씀하셨다. 성자 하나님처럼, 성령 하나님도 성부 하나님으로부터 떠나 이 땅에 오셨다. 우리와 함께 하시기 위해서 홀로되셨다.

성령 하나님께서는 예수님을 홀로 이끌어 시험을 받으러 광야로 가게 하셨다마 4:1. 또한 성령께서 요한을 데리고 광야로, 크고 높은 산으로 인도하여 하나님께서 하실 일을 미리 보여주셨다계 17:3; 21:10. 성령께서는 우리를 이끌어 홀로 하나님 앞에 서게 하시고, 기도하게 하시고, 신령한 음성을 들으며, 신비한 일들을 보도록 홀로 역사하신다.

성경 속의 홀로 있음

하나님의 사람들을 보면 언제나 하나님 앞에 홀로 있음의 체험이 있다. 하나님 앞에 홀로 설 때 그때야 비로소 내면에 들려주시는 하나님의 세밀한 음성을 들을 수 있다. 야곱은 쌍둥이 형 에서를 만날 것 때문에 고민하던 중에 가족을 먼저 떠나보내고 얍복 나루에 홀로 남았고, 거기서 천사와 씨름하며 하나님의 응답을 듣고 '이스라엘'이 된다^{창 32:24-28}.

모세는 그가 애굽의 왕자였을 때 왕궁에서 하나님과 깊은 만남과 교제를 이루었던 것이 아니라, 살인자로 쫓겨서 미디안 광야에서 장인의 양 떼를 돌보는 목자로 전락했을 때, 호렙산에서 부르시는 하나님의 음성을 들었다.

엘리야는 그가 분주하고, 사역에 성공적이고, 위대한 하나님의 기적이 수많은 사람들 앞에서 펼쳐질 때 하나님과 깊은 친밀한 관계로 나아간 것이 아니다. 그의 야망과 기대가 무너지고, 생명을 찾는 이세벨 때문에 도망하여 숨었을 때 하나님의 음성을 들을 수 있었다. 그는 홀로 자신만 남았다며 우울해 할 때 세미한 하나님의 음성을 듣게 된다. "또 지진 후에 불이 있으나 불 가운데에도 여호와께서 계시지 아니하더니 불 후에 세미한 소리가 있는지라 엘리야가 듣고 겉옷으로 얼굴을 가리고 나가 굴 어귀에 서매 소리가 그에게 임하여 이르시되 엘리야야 네가 어찌하여 여기 있느냐 그가 대답하되 내가 만군의 하나님 여호와께 열심이 유별하오니 이는 이스라엘 자손이 주의 언약을 버리고 주의 제단을 헐며 칼로 주의 선지자들을 죽였음이오며 오직 나만 남았거늘 그들이 내 생명을 찾아 빼앗으려 하나이다"^{왕상 19:12-14}.

다니엘은 홀로 있어서 큰 환상을 보기도 하고, 또한 사람들과 함께 했지만, 홀로 하나님의 환성을 보기도 하였다. "이 환상을 나 다니엘이 홀로 보았고 나와 함께 한 사람들은 이 환상은 보지 못하였어도 그들이 크게 떨며 도망하여 숨었느니라 그러므로 나만 홀로 있어서 이 큰 환상을 볼 때에 내 몸에 힘이 빠졌고 나의 아름다운 빛이 변하여 썩은 듯하였고 나의 힘이 다 없어졌으나"단 10:7-8.

바울 역시 이방의 사도로 부름받았을 때에 혈육과 의논하거나 먼저 사도된 사람들과 함께 하지 않고 오직 아라비아로 갔다고 고백한다. 그는 3년 동안 아라비아에서 홀로 하나님과 교제하며 홀로 있음의 훈련 기간을 가졌음에 틀림없다. "그러나 내 어머니의 태로부터 나를 택정하시고 그의 은혜로 나를 부르신 이가 그의 아들을 이방에 전하기 위하여 그를 내 속에 나타내시기를 기뻐하셨을 때에 내가 곧 혈육과 의논하지 아니하고 또 나보다 먼저 사도 된 자들을 만나려고 예루살렘으로 가지 아니하고 아라비아로 갔다가 다시 다메섹으로 돌아갔노라"갈 1:15-17.

그러므로 성경 인물들의 홀로 있음은 단순히 혼자 고독을 즐기는 삶의 태도가 아니었다. 예수님의 홀로 있음도 단순히 혼자됨의 순간이 아니었다. 예수님께서 잡히시기 전에 제자들에게 말씀하셨다. "보라 너희가 다 각각 제 곳으로 흩어지고 나를 혼자 둘 때가 오나니 벌써 왔도다 그러나 내가 혼자 있는 것이 아니라 아버지께서 나와 함께 계시느니라"요 16:32. 예수님께서는 혼자 계시지만 하나님과 함께하셨다. 홀로 있음은 하나님과 함께하는 친밀한 교제를 위해 세상의 소란함과의 단절을 뜻한다. 따라서 건강하지 못한 파괴적인 홀로 있음은 고독감으로 우울해하며, 필사적으로 홀로됨을 피하려 하지만 실패하여 자신밖에 없다는 외로운 상태이거나 관계의 단절로 인하여 그것을 대치하는 다른 매개물에 의존하는 중독적 홀로됨이다. 이러한 홀로 있음은 원하든 원치 않든 외톨이, 왕따, 은둔의 모습으로 증상이 점점 심각하게 발전될 가능성이 높다.

일상생활에서 홀로 있음 훈련하기

그렇다면 건강한 홀로 있음을 통하여 하나님과 친밀한 관계로 발전해 가고, 세미한 하나님의 음성을 사모하는 깊은 영성으로 나아가기 위해서는 무엇을 훈련해야 할까?

첫째는 하나님의 말씀 앞에 홀로 있는 큐티와 묵상의 시간을 가져야 한다. 함께 말씀을 나누고, 함께 예배하며, 함께 찬양하는 것도 필요하지만, 홀로 말씀을 읽고, 홀로 찬양하고, 홀로 하나님 앞에 예배자로 서는 것을 해야 한다. 무엇보다도 하나님의 말씀을 통하여 오늘을 사는 나에게 새롭게 말씀하시는 그 음성을 듣고자 하는 열망이 있어야 한다.

이스라엘 백성들이 하나님의 기적적인 구원의 역사를 경험하기 위해서 해야 할 일은 "가만히" 있는 것이었다. 조용히, 가만히 하나님께서 행하심을 기다리는 것이다. 모세는 바로의 군사들이 쫓아오고 앞에는 홍해가 가로막혀 백성들이 낙망할 때 이렇게 말한다. "너희는 두려워하지 말고 가만히 서서 여호와께서 오늘 너희를 위하여 행하시는 구원을 보라 너희가 오늘 본 애굽 사람을 영원히 다시 보지 아니하리라"출 14:13. 전쟁의 위험과 공포 가운데 있는 백성들에게 시편 기자는 "너희는 가만히 있어 내가 하나님 됨을 알지어다"시 46:10라고 선포한다. 오히려 하나님 앞에 가만히 있을 때 하나님께서 말씀하시고 행하신다.

둘째, 홀로 있음은 혼자 기도하는 시간을 갖는 것이다. 통성으로 기도하고, 모여서 기도하는 것도 필요하지만, 때로는 예수님께서 하셨던 것처럼 홀로 기도해야 한다. 이것은 얼마나 오랫동안 혼자 기도하느냐의 양의 문제이기보다는 얼마나 홀로 깊이 있게 기도하느냐는 질의 문제이다. 나다나엘은 나사렛 예수에 관한 이야기를 동향 친구 빌립으로부터 들었을 때 "나사렛에서 무슨 선한 것이 날 수 있느냐"요 1:46며 무시하였다. 그러나 빌립의 "와서 보라"는 권유에 따라갔다가 예수님께로부터 "보라 이는 참으로 이스라엘 사람이라 그 속에 간사한 것이 없도다"요 1:47라는 말을 듣는다. 그는 어떻게 자신을 아느냐고 예수님께 물었고, 예수님께서는 "빌립이 너를 부르기 전에 네가 무화과나무 아래 있을 때에 보았노라"요 1:48라고 대답하셨다. 그 때 나다나엘은 놀라며 "랍비여 당신은 하나님의 아들이시요 당신은 이스라엘의 임금이로소이다"요 1:49라고 고백한다. 예수님께서 나다나엘을 무화과나무 아래 있을 때 보았다는 말씀은 그가 선호하는 홀로 기도하는 장소가 있었음을 시사한다. 그것을 주님께서 알고 계시다는 사실에 그는 하나님의 아들이시라고 고백했던 것이다. 나다나엘의 영성의 깊이는 무화과나무 아래서 홀로 있음으로 꽃피운 것이다.

셋째, 일상의 시끄러움에서 벗어날 수 있는 조용한 장소와 시간을 확보해야 한다. 현대인은 스마트폰이나 인터넷, TV로부터 자유로운 곳이 필요하다. 사탄은 인간을 분주하게 하여 삶의 우선순위를 혼동시킴으로 하나님과 멀어지게 한다. 경건 훈련은 하나님 닮아가는 훈련이며, 하나님께 가까이 다가가기 위해서는 세상으로부터 멀어지는 훈련을 시작해야 한다. 그렇게 하기 위해서는 자신에게 맞는, 나름대로의 방식을 가지고 있어야 한다. 다니엘은 왕의 조서가 하나님께 기도함을 금지함에도 불구하고 그가 해오던 방식대로 기도한다. 성경은 "다니엘이 이 조서에 왕의 도장이 찍힌 것을 알고도 자기 집에 돌아가서는 윗방에 올라가 예루살렘으로 향한 창문을 열고 전에 하던 대로 하루 세 번씩 무릎을 꿇고 기도하며 그의 하나님께 감사하였더라"^단 ^{6:10}라고 기록한다. 다니엘은 하루에 세 번, 그의 방에 예루살렘을 향하여 열린 창에서 무릎을 꿇고 기도하며 홀로 있는 시간을 가졌다. 그의 영력은 그의 홀로 있음에서 나왔다. 왕의 금지에도 불구하고 하나님과 함께하기 위한 홀로 있는 시간의 우선순위를 포기하지 않았다.

일상적인 삶에서 홀로 있음의 시간을 확보하기 위해서는 먼저 다이어리에 하루에 30분, 일주일에 1-2시간을 미리 중요한 약속으로 표시해 두어야 한다. 짧은 시간일지라도 조용히 묵상도 하고 '거룩한 독서' Lectio Divina 를 할 수 있는 여유로움의 홀로됨이다. 또한 한 달에 하루, 일 년에 4-5일을 구별하여 자신을 돌보며 하나님의 관점에서 자신을 바라볼 수 있도록 시간을 남겨 두어야 한다.

나가는 말

삼손은 안목의 정욕으로 여인의 유혹을 받아 하나님께서 그에게만 주신 능력의 비밀을 누설하여 두 눈을 잃고 노리개감으로 전락하고 만다. 그러나 역설적이게도 그가 눈을 잃어 세상을 볼 수 없게 되었을 때야 비로소, 세상과 정욕에 대해 눈을 감고 하나님께 집중할 수 있게 된다. 삼손은 완전히 홀로됨 가운데서 하나님을 향하여 사사로서의 사명을 다시 떠올린다. 삼손은 "주 여호와여 구하옵나니 나를 생각하옵소서 하나님이여 구하옵나니 이번만 나를 강하게 하사 나의 두 눈을 뺀 블레셋 사람에게 원수를 단번에 갚게 하옵소서" 삿 16:28 부르짖고 두 기둥을 밀어 무너트림으로 원수를 갚고 사사로서의 삶을 장렬하게 마친다. 하나님과 함께하기 위해서는 먼저 홀로 있음이 있어야 한다.

홀로 있음은 달팽이가 껍질 속으로 들어가듯, 동굴 속으로 숨어버리는 삶이 아니다. "나를 혼자 있게 내버려 달라"는 도피성 혼자됨도 아니다. 홀로 있음은 타인이나 세상의 소음에서 벗어나 침묵하는 것이며, 하나님 앞에서 마음과 생각을 고요하게 함으로 하나님의 음성을 민감하게 듣는 영적 훈련이며 기도이다. 예수님께서 그렇게 하셨다면 우리는 더더욱 그 홀로 있음을 추구해야 한다. 또한 그것은 하나님과 함께함의 훈련이며, 동시에 함께하는 가족들과 교우들과 이웃들로부터 잠시 떠나있으므로 그들의 중요성을 깨닫는 순간이기도 하다.

참고문헌

강부호. "용서상담을 위한 제 용서 이론들에 관한 연구." 미간행 신학석사학위논문, 장로회신학대학교, 1998.

유엔 지속가능발전네트워크(SDSN). '세계 행복 보고서.' 2019.

홍인종. "목회상담은 용서상담이다." 『교회와 신학』 제62호 (2005 가을).

Anderson, Max. ed. *Holman new testament commentary : John*. 정현 역. 『Main idea로 푸는 요한복음』. 서울: 디모데, 2004.

Balswick, Jack & Judieth. *The Family: A Christian Perspective on the contemporary home(2nd Ed.)* Grand Rapids, MI: Baker Books, 1999.

Bowen, Will. *A Complaint Free World*. 김민아 역. 『불평없이 살아보기: 삶의 기적을 이루는 21일간의 기적』. 서울: 세종서적, 2009.

Carlson, David E. *Counseling and self-esteem*. 이관직 역. 『자존감』. 서울:두란노, 1996.

Crabb, Lawrence J. *(The) marriage builder*. 윤종석 역. 『결혼 건축가』. 서울: 두란노, 1990.

Demartini, John. *The Gratitude Effect*. 변인영 역. 『감사의 효과』. 서울: 비전코리아, 2008.

Enright, Robert D. *Forgiveness is a Choice: A Step-by-Step Process for Resolving Anger and Restoring Hope*. 채규만 역. 『용서는 선택이다』. 서울: 학지사, 2004.

Keller, Timothy. *Walking with God through Pain and Suffering*. 최종훈 역. 『고통에 답하다』. 서울: 두란노, 2018.

Lester, Andrew D. *Hope in pastoral care and counseling*. 신현복 역. 『희망의 목회상담』. 서울 : 한국심리치료연구소, 1997.

Lewis, C. S. *The Problem of Pain*. 이종태 역. 『고통의 문제』. 서울: 홍성사, 2002.

McMinn, Mark R. *Psychology, theology, and spirituality in christian counseling*. 채규만 역. 『심리학, 신학, 영성이 하나된 기독교 상담』. 서울: 두란노, 2001.

Seamands, David A. *Living with your dreams*. 이갑만 역. 『좌절된 꿈의 치유』. 서울: 두란노, 1994.

Sell, Charles. *Healing for Damaged Emotions*. 정동섭, 최민희 역. 『아직도 아물지 않은 마음의 상처』. 서울: 두란노, 1992.

Stanley, Charles. *The Gift of Forgiveness*. 민혜경 역. 『용서: 용서 어떻게 할까?』. 서울: 두란노, 1999.

Swindoll, Charles R. *Hope again*. 이장우 역. 『희망, 그 아름다운 이름』. 서울: 요단출판사, 1997.

Niebuhr, Reinhold. *Prayer of serenity*. "평정의 기도." 1951.

Satir, Virginia. *My Declaration of Self-Esteem*. "나의 자존감 선언."